Wohnungseigentumsgesetz

mit

ergänzenden Bestimmungen aus dem BGB und ausgewählten Grundsatzurteilen

Vollständige Textausgabe für Studium und Beruf

Impressum

© MGJV-Verlag, Hans-Much-Weg 14, 20249 Hamburg, Telefon: 040/ 32030589; Bitte wenden Sie sich mit Ihren Anliegen auch auf elektronischem Wege an uns: MGJV.Verlag@gmail.com

Inhaltliche Verantwortung und Aktualität: Redaktion MGJV

Satz, Druck und Bindung: Externe Dienstleister; alle Rechte MGJV-Verlag

Umschlaggestaltung: Gustav Broedecker. Alle Rechte MGJV-Verlag

Wir sind bemüht, ein ansprechendes Produkt zu gestalten, dass angemessenen Ansprüchen an das Preis/Leistungsverhältnis und vernünftigen Qualitätserwartungen gerecht wird. Konstruktive Anregungen nutzen wir gerne, um künftige Auflagen zu ergänzen und anzupassen.

Die Rechte am Werk, insbesondere für die Zusammenstellung, die Cover- und weitere Gestaltung liegen beim Verlag. Trotz sorgfältigster Bearbeitung und Qualitätskontrolle können Übertragungsfehler und technische Fehler nicht letztgültig ausgeschlossen werden. Fachanwaltliche Beratung wird durch die Konsultation einer Rechtssammlung nicht ersetzt.

- - - - -

Über eine Bewertung bei Amazon oder anderen Distributoren freut sich die Redaktion.Mit Kritik und Verbesserungsvorschlägen für künftige Ausgaben wenden Sie sich auch gerne an MGJV.Verlag@gmail.com

Vielen Dank, Ihre Redaktion MGJV

Inhaltsverzeichnis

Wohnungseigentumsgesetz...1
Gesetz über das Wohnungseigentum und das Dauerwohnrecht (Wohnungseigentumsgesetz)
....5
    Fußnote...5
I. Teil
Wohnungseigentum...6
    § 1 Begriffsbestimmungen...6
1. Abschnitt
Begründung des Wohnungseigentums..7
    § 2 Arten der Begründung..7
    § 3 Vertragliche Einräumung von Sondereigentum.......................................7
    § 4 Formvorschriften...8
    § 5 Gegenstand und Inhalt des Sondereigentums..8
    § 6 Unselbständigkeit des Sondereigentums...9
    § 7 Grundbuchvorschriften..10
    § 8 Teilung durch den Eigentümer..11
    § 9 Schließung der Wohnungsgrundbücher..12
2. Abschnitt
Gemeinschaft der Wohnungseigentümer..13
    § 10 Allgemeine Grundsätze..13
    § 11 Unauflöslichkeit der Gemeinschaft...16
    § 12 Veräußerungsbeschränkung...16
    § 13 Rechte des Wohnungseigentümers...18
    § 14 Pflichten des Wohnungseigentümers..18
    § 15 Gebrauchsregelung..19
    § 16 Nutzungen, Lasten und Kosten..20
    § 17 Anteil bei Aufhebung der Gemeinschaft...22
    § 18 Entziehung des Wohnungseigentums...22
    § 19 Wirkung des Urteils...24
3. Abschnitt
Verwaltung..24
    § 20 Gliederung der Verwaltung..25
    § 21 Verwaltung durch die Wohnungseigentümer......................................25
    § 22 Besondere Aufwendungen, Wiederaufbau..27
    § 23 Wohnungseigentümerversammlung..28
    § 24 Einberufung, Vorsitz, Niederschrift...29
    § 25 Mehrheitsbeschluß...31
    § 26 Bestellung und Abberufung des Verwalters.......................................32
    § 27 Aufgaben und Befugnisse des Verwalters..33
    § 28 Wirtschaftsplan, Rechnungslegung...37
    § 29 Verwaltungsbeirat..38

4. Abschnitt
Wohnungserbbaurecht 38
   § 30 38
II. Teil
Dauerwohnrecht 39
   § 31 Begriffsbestimmungen 39
   § 32 Voraussetzungen der Eintragung 40
   § 33 Inhalt des Dauerwohnrechts 41
   § 34 Ansprüche des Eigentümers und der Dauerwohnberechtigten 43
   § 35 Veräußerungsbeschränkung 43
   § 36 Heimfallanspruch 43
   § 37 Vermietung 44
   § 38 Eintritt in das Rechtsverhältnis 45
   § 39 Zwangsversteigerung 45
   § 40 Haftung des Entgelts 46
   § 41 Besondere Vorschriften für langfristige Dauerwohnrechte 47
   § 42 Belastung eines Erbbaurechts 48
III. Teil
Verfahrensvorschriften 48
   § 43 Zuständigkeit 48
   § 44 Bezeichnung der Wohnungseigentümer in der Klageschrift 49
   § 45 Zustellung 50
   § 46 Anfechtungsklage 51
   § 47 Prozessverbindung 51
   § 48 Beiladung, Wirkung des Urteils 52
   § 49 Kostenentscheidung 53
   § 50 Kostenerstattung 53
   §§ 51 und 52 (weggefallen) 53
   §§ 53 bis 58 (weggefallen) 54
IV. Teil
Ergänzende Bestimmungen 54
   § 59 (weggefallen) 54
   § 60 (weggefallen) 54
   § 61 54
   § 62 Übergangsvorschrift 55
   § 63 Überleitung bestehender Rechtsverhältnisse 55
   § 64 Inkrafttreten 56
Bürgerliches Gesetzbuch (BGB) 57
   Kapitel 6
   Besonderheiten bei der Bildung von Wohnungseigentum an vermieteten Wohnungen .. 57
      § 577 Vorkaufsrecht des Mieters 57
      § 577a Kündigungsbeschränkung bei Wohnungsumwandlung 58
      § 1361b Ehewohnung bei Getrenntleben 60
      § 1362 Eigentumsvermutung 61
   Untertitel 1a
   Behandlung der Ehewohnung und der Haushaltsgegenstände anlässlich der Scheidung
.... 62
      § 1568a Ehewohnung 62

§ 1568b Haushaltsgegenstände..64
§ 1666a Grundsatz der Verhältnismäßigkeit; Vorrang öffentlicher Hilfen................65
Anlage..66
Ausgewählte Grundsatzurteile..66
    BGH, Urteil vom 25.10.2013, V ZR 212/12 66
        Tenor..66
        Tatbestand..66
        Gründe..67
    BGH, Urteil vom 11.10.2013, V ZR 271/12 73
        Tenor..73
        Tatbestand..73
        Gründe..75
    BGH, Urteil vom 06.12.2013, V ZR 85/13 83
        Tenor..83
        Tatbestand..83
        Gründe..84
    BGH, Urteil vom 07.20.15, V ZR 25/13 92
        Tenor..92
        Tatbestand..93
        Gründe..94
    BGH, Urteil vom 16.05.2014, V ZR 131/13
   103
        Tenor..103
        Tatbestand..104
        Gründe..105

Gesetz über das Wohnungseigentum und das Dauerwohnrecht (Wohnungseigentumsgesetz)

WoEigG

Ausfertigungsdatum: 15.03.1951

"Wohnungseigentumsgesetz in der im Bundesgesetzblatt Teil III, Gliederungsnummer 403-1, veröffentlichten bereinigten Fassung, das zuletzt durch Artikel 4 des Gesetzes vom 5. Dezember 2014 (BGBl. I S. 1962) geändert worden ist" Zuletzt geändert durch Art. 4 G v. 5.12.2014 I 1962

Fußnote

(+++ Textnachweis Geltung ab: 1.10.1973 +++)

Wegen des Umfangs der Geltung im Saarland vgl. § 3 II Nr. 1 G v. 30.6.1959 101-3; in Berlin gem. Art. III G v. 2.8.1951 GVBl. S. 547 am 10.8.1951 in Kraft getreten

I. Teil
Wohnungseigentum

§ 1 Begriffsbestimmungen

(1) Nach Maßgabe dieses Gesetzes kann an Wohnungen das Wohnungseigentum, an nicht zu Wohnzwecken dienenden Räumen eines Gebäudes das Teileigentum begründet werden.

(2) Wohnungseigentum ist das Sondereigentum an einer Wohnung in Verbindung mit dem Miteigentumsanteil an dem gemeinschaftlichen Eigentum, zu dem es gehört.

(3) Teileigentum ist das Sondereigentum an nicht zu Wohnzwecken dienenden Räumen eines Gebäudes in Verbindung mit dem Miteigentumsanteil an dem gemeinschaftlichen Eigentum, zu dem es gehört.

(4) Wohnungseigentum und Teileigentum können nicht in der Weise begründet werden, daß das Sondereigentum mit Miteigentum an mehreren Grundstücken verbunden wird.

(5) Gemeinschaftliches Eigentum im Sinne dieses Gesetzes sind das Grundstück sowie die Teile, Anlagen und Einrichtungen des Gebäudes, die nicht im Sondereigentum oder im Eigentum eines Dritten stehen.

(6) Für das Teileigentum gelten die Vorschriften über das

Wohnungseigentum entsprechend.

1. Abschnitt
Begründung des Wohnungseigentums

§ 2 Arten der Begründung

Wohnungseigentum wird durch die vertragliche Einräumung von Sondereigentum (§ 3) oder durch Teilung (§ 8) begründet.

§ 3 Vertragliche Einräumung von Sondereigentum

(1) Das Miteigentum (§ 1008 des Bürgerlichen Gesetzbuchs) an einem Grundstück kann durch Vertrag der Miteigentümer in der Weise beschränkt werden, daß jedem der Miteigentümer abweichend von § 93 des Bürgerlichen Gesetzbuchs das Sondereigentum an einer bestimmten Wohnung oder an nicht zu Wohnzwecken dienenden bestimmten Räumen in einem auf dem Grundstück errichteten oder zu errichtenden Gebäude eingeräumt wird.

(2) Sondereigentum soll nur eingeräumt werden, wenn die Wohnungen oder sonstigen Räume in sich abgeschlossen sind. Garagenstellplätze gelten als abgeschlossene Räume, wenn ihre Flächen durch dauerhafte Markierungen ersichtlich sind.

(3) (weggefallen)

§ 4 Formvorschriften

(1) Zur Einräumung und zur Aufhebung des Sondereigentums ist die Einigung der Beteiligten über den Eintritt der Rechtsänderung und die Eintragung in das Grundbuch erforderlich.

(2) Die Einigung bedarf der für die Auflassung vorgeschriebenen Form. Sondereigentum kann nicht unter einer Bedingung oder Zeitbestimmung eingeräumt oder aufgehoben werden.

(3) Für einen Vertrag, durch den sich ein Teil verpflichtet, Sondereigentum einzuräumen, zu erwerben oder aufzuheben, gilt § 311b Abs. 1 des Bürgerlichen Gesetzbuchs entsprechend.

§ 5 Gegenstand und Inhalt des Sondereigentums

(1) Gegenstand des Sondereigentums sind die gemäß § 3 Abs. 1 bestimmten Räume sowie die zu diesen Räumen gehörenden Bestandteile des Gebäudes, die verändert, beseitigt oder eingefügt werden können, ohne daß dadurch das gemeinschaftliche Eigentum oder ein auf Sondereigentum beruhendes Recht eines anderen Wohnungseigentümers über das nach § 14 zulässige Maß hinaus beeinträchtigt oder die äußere Gestaltung des Gebäudes verändert wird.

(2) Teile des Gebäudes, die für dessen Bestand oder Sicherheit

erforderlich sind, sowie Anlagen und Einrichtungen, die dem gemeinschaftlichen Gebrauch der Wohnungseigentümer dienen, sind nicht Gegenstand des Sondereigentums, selbst wenn sie sich im Bereich der im Sondereigentum stehenden Räume befinden.

(3) Die Wohnungseigentümer können vereinbaren, daß Bestandteile des Gebäudes, die Gegenstand des Sondereigentums sein können, zum gemeinschaftlichen Eigentum gehören.

(4) Vereinbarungen über das Verhältnis der Wohnungseigentümer untereinander können nach den Vorschriften des 2. und 3. Abschnitts zum Inhalt des Sondereigentums gemacht werden. Ist das Wohnungseigentum mit der Hypothek, Grund- oder Rentenschuld oder der Reallast eines Dritten belastet, so ist dessen nach anderen Rechtsvorschriften notwendige Zustimmung zu der Vereinbarung nur erforderlich, wenn ein Sondernutzungsrecht begründet oder ein mit dem Wohnungseigentum verbundenes Sondernutzungsrecht aufgehoben, geändert oder übertragen wird. Bei der Begründung eines Sondernutzungsrechts ist die Zustimmung des Dritten nicht erforderlich, wenn durch die Vereinbarung gleichzeitig das zu seinen Gunsten belastete Wohnungseigentum mit einem Sondernutzungsrecht verbunden wird.

§ 6 Unselbständigkeit des Sondereigentums

(1) Das Sondereigentum kann ohne den Miteigentumsanteil, zu dem es gehört, nicht veräußert oder belastet werden.

(2) Rechte an dem Miteigentumsanteil erstrecken sich auf das zu ihm

gehörende Sondereigentum.

§ 7 Grundbuchvorschriften

(1) Im Falle des § 3 Abs. 1 wird für jeden Miteigentumsanteil von Amts wegen ein besonderes Grundbuchblatt (Wohnungsgrundbuch, Teileigentumsgrundbuch) angelegt. Auf diesem ist das zu dem Miteigentumsanteil gehörende Sondereigentum und als Beschränkung des Miteigentums die Einräumung der zu den anderen Miteigentumsanteilen gehörenden Sondereigentumsrechte einzutragen. Das Grundbuchblatt des Grundstücks wird von Amts wegen geschlossen.

(2) (weggefallen)

(3) Zur näheren Bezeichnung des Gegenstands und des Inhalts des Sondereigentums kann auf die Eintragungsbewilligung Bezug genommen werden.

(4) Der Eintragungsbewilligung sind als Anlagen beizufügen:

1.
   eine von der Baubehörde mit Unterschrift und Siegel oder Stempel versehene Bauzeichnung, aus der die Aufteilung des Gebäudes sowie die Lage und Größe der im Sondereigentum und der im gemeinschaftlichen Eigentum stehenden Gebäudeteile ersichtlich ist (Aufteilungsplan); alle zu demselben Wohnungseigentum gehörenden Einzelräume sind mit der jeweils gleichen Nummer zu kennzeichnen;

2.
   eine Bescheinigung der Baubehörde, daß die Voraussetzungen des § 3 Abs. 2 vorliegen.

Wenn in der Eintragungsbewilligung für die einzelnen Sondereigentumsrechte Nummern angegeben werden, sollen sie mit denen des Aufteilungsplans übereinstimmen. Die Landesregierungen können durch Rechtsverordnung bestimmen, dass und in welchen Fällen der Aufteilungsplan (Satz 1 Nr. 1) und die Abgeschlossenheit (Satz 1 Nr. 2) von einem öffentlich bestellten oder anerkannten Sachverständigen für das Bauwesen statt von der Baubehörde ausgefertigt und bescheinigt werden. Werden diese Aufgaben von dem Sachverständigen wahrgenommen, so gelten die Bestimmungen der Allgemeinen Verwaltungsvorschrift für die Ausstellung von Bescheinigungen gemäß § 7 Abs. 4 Nr. 2 und § 32 Abs. 2 Nr. 2 des Wohnungseigentumsgesetzes vom 19. März 1974 (BAnz. Nr. 58 vom 23. März 1974) entsprechend. In diesem Fall bedürfen die Anlagen nicht der Form des § 29 der Grundbuchordnung. Die Landesregierungen können die Ermächtigung durch Rechtsverordnung auf die Landesbauverwaltungen übertragen.

(5) Für Teileigentumsgrundbücher gelten die Vorschriften über Wohnungsgrundbücher entsprechend.

§ 8 Teilung durch den Eigentümer

(1) Der Eigentümer eines Grundstücks kann durch Erklärung gegenüber dem Grundbuchamt das Eigentum an dem Grundstück in

Miteigentumsanteile in der Weise teilen, daß mit jedem Anteil das Sondereigentum an einer bestimmten Wohnung oder an nicht zu Wohnzwecken dienenden bestimmten Räumen in einem auf dem Grundstück errichteten oder zu errichtenden Gebäude verbunden ist.

(2) Im Falle des Absatzes 1 gelten die Vorschriften des § 3 Abs. 2 und der §§ 5, 6, § 7 Abs. 1, 3 bis 5 entsprechend. Die Teilung wird mit der Anlegung der Wohnungsgrundbücher wirksam.

§ 9 Schließung der Wohnungsgrundbücher

(1) Die Wohnungsgrundbücher werden geschlossen:

1.
   von Amts wegen, wenn die Sondereigentumsrechte gemäß § 4 aufgehoben werden;

2.
   auf Antrag sämtlicher Wohnungseigentümer, wenn alle Sondereigentumsrechte durch völlige Zerstörung des Gebäudes gegenstandslos geworden sind und der Nachweis hierfür durch eine Bescheinigung der Baubehörde erbracht ist;

3.
   auf Antrag des Eigentümers, wenn sich sämtliche Wohnungseigentumsrechte in einer Person vereinigen.

(2) Ist ein Wohnungseigentum selbständig mit dem Recht eines Dritten belastet, so werden die allgemeinen Vorschriften, nach denen zur Aufhebung des Sondereigentums die Zustimmung des Dritten erforderlich ist, durch Absatz 1 nicht berührt.

(3) Werden die Wohnungsgrundbücher geschlossen, so wird für das Grundstück ein Grundbuchblatt nach den allgemeinen Vorschriften angelegt; die Sondereigentumsrechte erlöschen, soweit sie nicht bereits aufgehoben sind, mit der Anlegung des Grundbuchblatts.

2. Abschnitt
Gemeinschaft der Wohnungseigentümer

§ 10 Allgemeine Grundsätze

(1) Inhaber der Rechte und Pflichten nach den Vorschriften dieses Gesetzes, insbesondere des Sondereigentums und des gemeinschaftlichen Eigentums, sind die Wohnungseigentümer, soweit nicht etwas anderes ausdrücklich bestimmt ist.

(2) Das Verhältnis der Wohnungseigentümer untereinander bestimmt sich nach den Vorschriften dieses Gesetzes und, soweit dieses Gesetz keine besonderen Bestimmungen enthält, nach den Vorschriften des Bürgerlichen Gesetzbuchs über die Gemeinschaft. Die Wohnungseigentümer können von den Vorschriften dieses Gesetzes abweichende Vereinbarungen treffen, soweit nicht etwas anderes ausdrücklich bestimmt ist. Jeder Wohnungseigentümer kann eine vom Gesetz abweichende Vereinbarung oder die Anpassung einer Vereinbarung verlangen, soweit ein Festhalten an der geltenden Regelung aus schwerwiegenden Gründen unter Berücksichtigung aller Umstände des Einzelfalles, insbesondere der Rechte und Interessen

der anderen Wohnungseigentümer, unbillig erscheint.

(3) Vereinbarungen, durch die die Wohnungseigentümer ihr Verhältnis untereinander in Ergänzung oder Abweichung von Vorschriften dieses Gesetzes regeln, sowie die Abänderung oder Aufhebung solcher Vereinbarungen wirken gegen den Sondernachfolger eines Wohnungseigentümers nur, wenn sie als Inhalt des Sondereigentums im Grundbuch eingetragen sind.

(4) Beschlüsse der Wohnungseigentümer gemäß § 23 und gerichtliche Entscheidungen in einem Rechtsstreit gemäß § 43 bedürfen zu ihrer Wirksamkeit gegen den Sondernachfolger eines Wohnungseigentümers nicht der Eintragung in das Grundbuch. Dies gilt auch für die gemäß § 23 Abs. 1 aufgrund einer Vereinbarung gefassten Beschlüsse, die vom Gesetz abweichen oder eine Vereinbarung ändern.

(5) Rechtshandlungen in Angelegenheiten, über die nach diesem Gesetz oder nach einer Vereinbarung der Wohnungseigentümer durch Stimmenmehrheit beschlossen werden kann, wirken, wenn sie auf Grund eines mit solcher Mehrheit gefaßten Beschlusses vorgenommen werden, auch für und gegen die Wohnungseigentümer, die gegen den Beschluß gestimmt oder an der Beschlußfassung nicht mitgewirkt haben.

(6) Die Gemeinschaft der Wohnungseigentümer kann im Rahmen der gesamten Verwaltung des gemeinschaftlichen Eigentums gegenüber Dritten und Wohnungseigentümern selbst Rechte erwerben und Pflichten eingehen. Sie ist Inhaberin der als Gemeinschaft gesetzlich begründeten und rechtsgeschäftlich erworbenen Rechte und Pflichten.

Sie übt die gemeinschaftsbezogenen Rechte der Wohnungseigentümer aus und nimmt die gemeinschaftsbezogenen Pflichten der Wohnungseigentümer wahr, ebenso sonstige Rechte und Pflichten der Wohnungseigentümer, soweit diese gemeinschaftlich geltend gemacht werden können oder zu erfüllen sind. Die Gemeinschaft muss die Bezeichnung "Wohnungseigentümergemeinschaft" gefolgt von der bestimmten Angabe des gemeinschaftlichen Grundstücks führen. Sie kann vor Gericht klagen und verklagt werden.

(7) Das Verwaltungsvermögen gehört der Gemeinschaft der Wohnungseigentümer. Es besteht aus den im Rahmen der gesamten Verwaltung des gemeinschaftlichen Eigentums gesetzlich begründeten und rechtsgeschäftlich erworbenen Sachen und Rechten sowie den entstandenen Verbindlichkeiten. Zu dem Verwaltungsvermögen gehören insbesondere die Ansprüche und Befugnisse aus Rechtsverhältnissen mit Dritten und mit Wohnungseigentümern sowie die eingenommenen Gelder. Vereinigen sich sämtliche Wohnungseigentumsrechte in einer Person, geht das Verwaltungsvermögen auf den Eigentümer des Grundstücks über.

(8) Jeder Wohnungseigentümer haftet einem Gläubiger nach dem Verhältnis seines Miteigentumsanteils (§ 16 Abs. 1 Satz 2) für Verbindlichkeiten der Gemeinschaft der Wohnungseigentümer, die während seiner Zugehörigkeit zur Gemeinschaft entstanden oder während dieses Zeitraums fällig geworden sind; für die Haftung nach Veräußerung des Wohnungseigentums ist § 160 des Handelsgesetzbuches entsprechend anzuwenden. Er kann gegenüber einem Gläubiger neben den in seiner Person begründeten auch die

der Gemeinschaft zustehenden Einwendungen und Einreden geltend machen, nicht aber seine Einwendungen und Einreden gegenüber der Gemeinschaft. Für die Einrede der Anfechtbarkeit und Aufrechenbarkeit ist § 770 des Bürgerlichen Gesetzbuches entsprechend anzuwenden. Die Haftung eines Wohnungseigentümers gegenüber der Gemeinschaft wegen nicht ordnungsmäßiger Verwaltung bestimmt sich nach Satz 1.

§ 11 Unauflöslichkeit der Gemeinschaft

(1) Kein Wohnungseigentümer kann die Aufhebung der Gemeinschaft verlangen. Dies gilt auch für eine Aufhebung aus wichtigem Grund. Eine abweichende Vereinbarung ist nur für den Fall zulässig, daß das Gebäude ganz oder teilweise zerstört wird und eine Verpflichtung zum Wiederaufbau nicht besteht.

(2) Das Recht eines Pfändungsgläubigers (§ 751 des Bürgerlichen Gesetzbuchs) sowie das im Insolvenzverfahren bestehende Recht (§ 84 Abs. 2 der Insolvenzordnung), die Aufhebung der Gemeinschaft zu verlangen, ist ausgeschlossen.

(3) Ein Insolvenzverfahren über das Verwaltungsvermögen der Gemeinschaft findet nicht statt.

§ 12 Veräußerungsbeschränkung

(1) Als Inhalt des Sondereigentums kann vereinbart werden, daß ein

Wohnungseigentümer zur Veräußerung seines Wohnungseigentums der Zustimmung anderer Wohnungseigentümer oder eines Dritten bedarf.

(2) Die Zustimmung darf nur aus einem wichtigen Grund versagt werden. Durch Vereinbarung gemäß Absatz 1 kann dem Wohnungseigentümer darüber hinaus für bestimmte Fälle ein Anspruch auf Erteilung der Zustimmung eingeräumt werden.

(3) Ist eine Vereinbarung gemäß Absatz 1 getroffen, so ist eine Veräußerung des Wohnungseigentums und ein Vertrag, durch den sich der Wohnungseigentümer zu einer solchen Veräußerung verpflichtet, unwirksam, solange nicht die erforderliche Zustimmung erteilt ist. Einer rechtsgeschäftlichen Veräußerung steht eine Veräußerung im Wege der Zwangsvollstreckung oder durch den Insolvenzverwalter gleich.

(4) Die Wohnungseigentümer können durch Stimmenmehrheit beschließen, dass eine Veräußerungsbeschränkung gemäß Absatz 1 aufgehoben wird. Diese Befugnis kann durch Vereinbarung der Wohnungseigentümer nicht eingeschränkt oder ausgeschlossen werden. Ist ein Beschluss gemäß Satz 1 gefasst, kann die Veräußerungsbeschränkung im Grundbuch gelöscht werden. Der Bewilligung gemäß § 19 der Grundbuchordnung bedarf es nicht, wenn der Beschluss gemäß Satz 1 nachgewiesen wird. Für diesen Nachweis ist § 26 Abs. 3 entsprechend anzuwenden.

§ 13 Rechte des Wohnungseigentümers

(1) Jeder Wohnungseigentümer kann, soweit nicht das Gesetz oder Rechte Dritter entgegenstehen, mit den im Sondereigentum stehenden Gebäudeteilen nach Belieben verfahren, insbesondere diese bewohnen, vermieten, verpachten oder in sonstiger Weise nutzen, und andere von Einwirkungen ausschließen.

(2) Jeder Wohnungseigentümer ist zum Mitgebrauch des gemeinschaftlichen Eigentums nach Maßgabe der §§ 14, 15 berechtigt. An den sonstigen Nutzungen des gemeinschaftlichen Eigentums gebührt jedem Wohnungseigentümer ein Anteil nach Maßgabe des § 16.

§ 14 Pflichten des Wohnungseigentümers

Jeder Wohnungseigentümer ist verpflichtet:

1.
 die im Sondereigentum stehenden Gebäudeteile so instand zu halten und von diesen sowie von dem gemeinschaftlichen Eigentum nur in solcher Weise Gebrauch zu machen, daß dadurch keinem der anderen Wohnungseigentümer über das bei einem geordneten Zusammenleben unvermeidliche Maß hinaus ein Nachteil erwächst;

2.
 für die Einhaltung der in Nummer 1 bezeichneten Pflichten durch

Personen zu sorgen, die seinem Hausstand oder Geschäftsbetrieb angehören oder denen er sonst die Benutzung der im Sonder- oder Miteigentum stehenden Grundstücks- oder Gebäudeteile überläßt;

3. Einwirkungen auf die im Sondereigentum stehenden Gebäudeteile und das gemeinschaftliche Eigentum zu dulden, soweit sie auf einem nach Nummer 1, 2 zulässigen Gebrauch beruhen;

4. das Betreten und die Benutzung der im Sondereigentum stehenden Gebäudeteile zu gestatten, soweit dies zur Instandhaltung und Instandsetzung des gemeinschaftlichen Eigentums erforderlich ist; der hierdurch entstehende Schaden ist zu ersetzen.

§ 15 Gebrauchsregelung

(1) Die Wohnungseigentümer können den Gebrauch des Sondereigentums und des gemeinschaftlichen Eigentums durch Vereinbarung regeln.

(2) Soweit nicht eine Vereinbarung nach Absatz 1 entgegensteht, können die Wohnungseigentümer durch Stimmenmehrheit einen der Beschaffenheit der im Sondereigentum stehenden Gebäudeteile und des gemeinschaftlichen Eigentums entsprechenden ordnungsmäßigen Gebrauch beschließen.

(3) Jeder Wohnungseigentümer kann einen Gebrauch der im Sondereigentum stehenden Gebäudeteile und des gemeinschaftlichen Eigentums verlangen, der dem Gesetz, den Vereinbarungen und Beschlüssen und, soweit sich die Regelung hieraus nicht ergibt, dem Interesse der Gesamtheit der Wohnungseigentümer nach billigem Ermessen entspricht.

§ 16 Nutzungen, Lasten und Kosten

(1) Jedem Wohnungseigentümer gebührt ein seinem Anteil entsprechender Bruchteil der Nutzungen des gemeinschaftlichen Eigentums. Der Anteil bestimmt sich nach dem gemäß § 47 der Grundbuchordnung im Grundbuch eingetragenen Verhältnis der Miteigentumsanteile.

(2) Jeder Wohnungseigentümer ist den anderen Wohnungseigentümern gegenüber verpflichtet, die Lasten des gemeinschaftlichen Eigentums sowie die Kosten der Instandhaltung, Instandsetzung, sonstigen Verwaltung und eines gemeinschaftlichen Gebrauchs des gemeinschaftlichen Eigentums nach dem Verhältnis seines Anteils (Absatz 1 Satz 2) zu tragen.

(3) Die Wohnungseigentümer können abweichend von Absatz 2 durch Stimmenmehrheit beschließen, dass die Betriebskosten des gemeinschaftlichen Eigentums oder des Sondereigentums im Sinne des § 556 Abs. 1 des Bürgerlichen Gesetzbuches, die nicht unmittelbar gegenüber Dritten abgerechnet werden, und die Kosten der Verwaltung nach Verbrauch oder Verursachung erfasst und nach

diesem oder nach einem anderen Maßstab verteilt werden, soweit dies ordnungsmäßiger Verwaltung entspricht.

(4) Die Wohnungseigentümer können im Einzelfall zur Instandhaltung oder Instandsetzung im Sinne des § 21 Abs. 5 Nr. 2 oder zu baulichen Veränderungen oder Aufwendungen im Sinne des § 22 Abs. 1 und 2 durch Beschluss die Kostenverteilung abweichend von Absatz 2 regeln, wenn der abweichende Maßstab dem Gebrauch oder der Möglichkeit des Gebrauchs durch die Wohnungseigentümer Rechnung trägt. Der Beschluss zur Regelung der Kostenverteilung nach Satz 1 bedarf einer Mehrheit von drei Viertel aller stimmberechtigten Wohnungseigentümer im Sinne des § 25 Abs. 2 und mehr als der Hälfte aller Miteigentumsanteile.

(5) Die Befugnisse im Sinne der Absätze 3 und 4 können durch Vereinbarung der Wohnungseigentümer nicht eingeschränkt oder ausgeschlossen werden.

(6) Ein Wohnungseigentümer, der einer Maßnahme nach § 22 Abs. 1 nicht zugestimmt hat, ist nicht berechtigt, einen Anteil an Nutzungen, die auf einer solchen Maßnahme beruhen, zu beanspruchen; er ist nicht verpflichtet, Kosten, die durch eine solche Maßnahme verursacht sind, zu tragen. Satz 1 ist bei einer Kostenverteilung gemäß Absatz 4 nicht anzuwenden.

(7) Zu den Kosten der Verwaltung im Sinne des Absatzes 2 gehören insbesondere Kosten eines Rechtsstreits gemäß § 18 und der Ersatz des Schadens im Falle des § 14 Nr. 4.

(8) Kosten eines Rechtsstreits gemäß § 43 gehören nur dann zu den Kosten der Verwaltung im Sinne des Absatzes 2, wenn es sich um

Mehrkosten gegenüber der gesetzlichen Vergütung eines Rechtsanwalts aufgrund einer Vereinbarung über die Vergütung (§ 27 Abs. 2 Nr. 4, Abs. 3 Nr. 6) handelt.

§ 17 Anteil bei Aufhebung der Gemeinschaft

Im Falle der Aufhebung der Gemeinschaft bestimmt sich der Anteil der Miteigentümer nach dem Verhältnis des Wertes ihrer Wohnungseigentumsrechte zur Zeit der Aufhebung der Gemeinschaft. Hat sich der Wert eines Miteigentumsanteils durch Maßnahmen verändert, deren Kosten der Wohnungseigentümer nicht getragen hat, so bleibt eine solche Veränderung bei der Berechnung des Wertes dieses Anteils außer Betracht.

§ 18 Entziehung des Wohnungseigentums

(1) Hat ein Wohnungseigentümer sich einer so schweren Verletzung der ihm gegenüber anderen Wohnungseigentümern obliegenden Verpflichtungen schuldig gemacht, daß diesen die Fortsetzung der Gemeinschaft mit ihm nicht mehr zugemutet werden kann, so können die anderen Wohnungseigentümer von ihm die Veräußerung seines Wohnungseigentums verlangen. Die Ausübung des Entziehungsrechts steht der Gemeinschaft der Wohnungseigentümer zu, soweit es sich nicht um eine Gemeinschaft handelt, die nur aus zwei Wohnungseigentümern besteht.

(2) Die Voraussetzungen des Absatzes 1 liegen insbesondere vor, wenn

1.
der Wohnungseigentümer trotz Abmahnung wiederholt gröblich gegen die ihm nach § 14 obliegenden Pflichten verstößt;

2.
der Wohnungseigentümer sich mit der Erfüllung seiner Verpflichtungen zur Lasten- und Kostentragung (§ 16 Abs. 2) in Höhe eines Betrags, der drei vom Hundert des Einheitswerts seines Wohnungseigentums übersteigt, länger als drei Monate in Verzug befindet; in diesem Fall steht § 30 der Abgabenordnung einer Mitteilung des Einheitswerts an die Gemeinschaft der Wohnungseigentümer oder, soweit die Gemeinschaft nur aus zwei Wohnungseigentümern besteht, an den anderen Wohnungseigentümer nicht entgegen.

(3) Über das Verlangen nach Absatz 1 beschließen die Wohnungseigentümer durch Stimmenmehrheit. Der Beschluß bedarf einer Mehrheit von mehr als der Hälfte der stimmberechtigten Wohnungseigentümer. Die Vorschriften des § 25 Abs. 3, 4 sind in diesem Fall nicht anzuwenden.

(4) Der in Absatz 1 bestimmte Anspruch kann durch Vereinbarung der Wohnungseigentümer nicht eingeschränkt oder ausgeschlossen werden.

§ 19 Wirkung des Urteils

(1) Das Urteil, durch das ein Wohnungseigentümer zur Veräußerung seines Wohnungseigentums verurteilt wird, berechtigt jeden Miteigentümer zur Zwangsvollstreckung entsprechend den Vorschriften des Ersten Abschnitts des Gesetzes über die Zwangsversteigerung und die Zwangsverwaltung. Die Ausübung dieses Rechts steht der Gemeinschaft der Wohnungseigentümer zu, soweit es sich nicht um eine Gemeinschaft handelt, die nur aus zwei Wohnungseigentümern besteht.

(2) Der Wohnungseigentümer kann im Falle des § 18 Abs. 2 Nr. 2 bis zur Erteilung des Zuschlags die in Absatz 1 bezeichnete Wirkung des Urteils dadurch abwenden, daß er die Verpflichtungen, wegen deren Nichterfüllung er verurteilt ist, einschließlich der Verpflichtung zum Ersatz der durch den Rechtsstreit und das Versteigerungsverfahren entstandenen Kosten sowie die fälligen weiteren Verpflichtungen zur Lasten- und Kostentragung erfüllt.

(3) Ein gerichtlicher oder vor einer Gütestelle geschlossener Vergleich, durch den sich der Wohnungseigentümer zur Veräußerung seines Wohnungseigentums verpflichtet, steht dem in Absatz 1 bezeichneten Urteil gleich.

3. Abschnitt
Verwaltung

§ 20 Gliederung der Verwaltung

(1) Die Verwaltung des gemeinschaftlichen Eigentums obliegt den Wohnungseigentümern nach Maßgabe der §§ 21 bis 25 und dem Verwalter nach Maßgabe der §§ 26 bis 28, im Falle der Bestellung eines Verwaltungsbeirats auch diesem nach Maßgabe des § 29.

(2) Die Bestellung eines Verwalters kann nicht ausgeschlossen werden.

§ 21 Verwaltung durch die Wohnungseigentümer

(1) Soweit nicht in diesem Gesetz oder durch Vereinbarung der Wohnungseigentümer etwas anderes bestimmt ist, steht die Verwaltung des gemeinschaftlichen Eigentums den Wohnungseigentümern gemeinschaftlich zu.

(2) Jeder Wohnungseigentümer ist berechtigt, ohne Zustimmung der anderen Wohnungseigentümer die Maßnahmen zu treffen, die zur Abwendung eines dem gemeinschaftlichen Eigentum unmittelbar drohenden Schadens notwendig sind.

(3) Soweit die Verwaltung des gemeinschaftlichen Eigentums nicht durch Vereinbarung der Wohnungseigentümer geregelt ist, können die Wohnungseigentümer eine der Beschaffenheit des gemeinschaftlichen Eigentums entsprechende ordnungsmäßige Verwaltung durch Stimmenmehrheit beschließen.

(4) Jeder Wohnungseigentümer kann eine Verwaltung verlangen, die

den Vereinbarungen und Beschlüssen und, soweit solche nicht bestehen, dem Interesse der Gesamtheit der Wohnungseigentümer nach billigem Ermessen entspricht.

(5) Zu einer ordnungsmäßigen, dem Interesse der Gesamtheit der Wohnungseigentümer entsprechenden Verwaltung gehört insbesondere:

1.
   die Aufstellung einer Hausordnung;
2.
   die ordnungsmäßige Instandhaltung und Instandsetzung des gemeinschaftlichen Eigentums;
3.
   die Feuerversicherung des gemeinschaftlichen Eigentums zum Neuwert sowie die angemessene Versicherung der Wohnungseigentümer gegen Haus- und Grundbesitzerhaftpflicht;
4.
   die Ansammlung einer angemessenen Instandhaltungsrückstellung;
5.
   die Aufstellung eines Wirtschaftsplans (§ 28);
6.
   die Duldung aller Maßnahmen, die zur Herstellung einer Fernsprechteilnehmereinrichtung, einer Rundfunkempfangsanlage oder eines Energieversorgungsanschlusses zugunsten eines Wohnungseigentümers erforderlich sind.

(6) Der Wohnungseigentümer, zu dessen Gunsten eine Maßnahme der in Absatz 5 Nr. 6 bezeichneten Art getroffen wird, ist zum Ersatz

des hierdurch entstehenden Schadens verpflichtet.

(7) Die Wohnungseigentümer können die Regelung der Art und Weise von Zahlungen, der Fälligkeit und der Folgen des Verzugs sowie der Kosten für eine besondere Nutzung des gemeinschaftlichen Eigentums oder für einen besonderen Verwaltungsaufwand mit Stimmenmehrheit beschließen.

(8) Treffen die Wohnungseigentümer eine nach dem Gesetz erforderliche Maßnahme nicht, so kann an ihrer Stelle das Gericht in einem Rechtsstreit gemäß § 43 nach billigem Ermessen entscheiden, soweit sich die Maßnahme nicht aus dem Gesetz, einer Vereinbarung oder einem Beschluss der Wohnungseigentümer ergibt.

§ 22 Besondere Aufwendungen, Wiederaufbau

(1) Bauliche Veränderungen und Aufwendungen, die über die ordnungsmäßige Instandhaltung oder Instandsetzung des gemeinschaftlichen Eigentums hinausgehen, können beschlossen oder verlangt werden, wenn jeder Wohnungseigentümer zustimmt, dessen Rechte durch die Maßnahmen über das in § 14 Nr. 1 bestimmte Maß hinaus beeinträchtigt werden. Die Zustimmung ist nicht erforderlich, soweit die Rechte eines Wohnungseigentümers nicht in der in Satz 1 bezeichneten Weise beeinträchtigt werden.

(2) Maßnahmen gemäß Absatz 1 Satz 1, die der Modernisierung entsprechend § 555b Nummer 1 bis 5 des Bürgerlichen Gesetzbuches oder der Anpassung des gemeinschaftlichen Eigentums an den Stand

der Technik dienen, die Eigenart der Wohnanlage nicht ändern und keinen Wohnungseigentümer gegenüber anderen unbillig beeinträchtigen, können abweichend von Absatz 1 durch eine Mehrheit von drei Viertel aller stimmberechtigten Wohnungseigentümer im Sinne des § 25 Abs. 2 und mehr als der Hälfte aller Miteigentumsanteile beschlossen werden. Die Befugnis im Sinne des Satzes 1 kann durch Vereinbarung der Wohnungseigentümer nicht eingeschränkt oder ausgeschlossen werden.

(3) Für Maßnahmen der modernisierenden Instandsetzung im Sinne des § 21 Abs. 5 Nr. 2 verbleibt es bei den Vorschriften des § 21 Abs. 3 und 4.

(4) Ist das Gebäude zu mehr als der Hälfte seines Wertes zerstört und ist der Schaden nicht durch eine Versicherung oder in anderer Weise gedeckt, so kann der Wiederaufbau nicht gemäß § 21 Abs. 3 beschlossen oder gemäß § 21 Abs. 4 verlangt werden.

§ 23 Wohnungseigentümerversammlung

(1) Angelegenheiten, über die nach diesem Gesetz oder nach einer Vereinbarung der Wohnungseigentümer die Wohnungseigentümer durch Beschluß entscheiden können, werden durch Beschlußfassung in einer Versammlung der Wohnungseigentümer geordnet.

(2) Zur Gültigkeit eines Beschlusses ist erforderlich, daß der Gegenstand bei der Einberufung bezeichnet ist.

(3) Auch ohne Versammlung ist ein Beschluß gültig, wenn alle Wohnungseigentümer ihre Zustimmung zu diesem Beschluß schriftlich erklären.

(4) Ein Beschluss, der gegen eine Rechtsvorschrift verstößt, auf deren Einhaltung rechtswirksam nicht verzichtet werden kann, ist nichtig. Im Übrigen ist ein Beschluss gültig, solange er nicht durch rechtskräftiges Urteil für ungültig erklärt ist.

§ 24 Einberufung, Vorsitz, Niederschrift

(1) Die Versammlung der Wohnungseigentümer wird von dem Verwalter mindestens einmal im Jahr einberufen.

(2) Die Versammlung der Wohnungseigentümer muß von dem Verwalter in den durch Vereinbarung der Wohnungseigentümer bestimmten Fällen, im übrigen dann einberufen werden, wenn dies schriftlich unter Angabe des Zweckes und der Gründe von mehr als einem Viertel der Wohnungseigentümer verlangt wird.

(3) Fehlt ein Verwalter oder weigert er sich pflichtwidrig, die Versammlung der Wohnungseigentümer einzuberufen, so kann die Versammlung auch, falls ein Verwaltungsbeirat bestellt ist, von dessen Vorsitzenden oder seinem Vertreter einberufen werden.

(4) Die Einberufung erfolgt in Textform. Die Frist der Einberufung soll, sofern nicht ein Fall besonderer Dringlichkeit vorliegt, mindestens zwei Wochen betragen.

(5) Den Vorsitz in der Wohnungseigentümerversammlung führt, sofern

diese nichts anderes beschließt, der Verwalter.

(6) Über die in der Versammlung gefaßten Beschlüsse ist eine Niederschrift aufzunehmen. Die Niederschrift ist von dem Vorsitzenden und einem Wohnungseigentümer und, falls ein Verwaltungsbeirat bestellt ist, auch von dessen Vorsitzenden oder seinem Vertreter zu unterschreiben. Jeder Wohnungseigentümer ist berechtigt, die Niederschriften einzusehen.

(7) Es ist eine Beschluss-Sammlung zu führen. Die Beschluss-Sammlung enthält nur den Wortlaut

1.
    der in der Versammlung der Wohnungseigentümer verkündeten Beschlüsse mit Angabe von Ort und Datum der Versammlung,
2.
    der schriftlichen Beschlüsse mit Angabe von Ort und Datum der Verkündung und
3.
    der Urteilsformeln der gerichtlichen Entscheidungen in einem Rechtsstreit gemäß § 43 mit Angabe ihres Datums, des Gerichts und der Parteien,

soweit diese Beschlüsse und gerichtlichen Entscheidungen nach dem 1. Juli 2007 ergangen sind. Die Beschlüsse und gerichtlichen Entscheidungen sind fortlaufend einzutragen und zu nummerieren. Sind sie angefochten oder aufgehoben worden, so ist dies anzumerken. Im Falle einer Aufhebung kann von einer Anmerkung abgesehen und die Eintragung gelöscht werden. Eine Eintragung kann auch gelöscht werden, wenn sie aus einem anderen Grund für die Wohnungseigentümer keine Bedeutung mehr hat. Die Eintragungen,

Vermerke und Löschungen gemäß den Sätzen 3 bis 6 sind unverzüglich zu erledigen und mit Datum zu versehen. Einem Wohnungseigentümer oder einem Dritten, den ein Wohnungseigentümer ermächtigt hat, ist auf sein Verlangen Einsicht in die Beschluss-Sammlung zu geben.

(8) Die Beschluss-Sammlung ist von dem Verwalter zu führen. Fehlt ein Verwalter, so ist der Vorsitzende der Wohnungseigentümerversammlung verpflichtet, die Beschluss-Sammlung zu führen, sofern die Wohnungseigentümer durch Stimmenmehrheit keinen anderen für diese Aufgabe bestellt haben.

§ 25 Mehrheitsbeschluß

(1) Für die Beschlußfassung in Angelegenheiten, über die die Wohnungseigentümer durch Stimmenmehrheit beschließen, gelten die Vorschriften der Absätze 2 bis 5.

(2) Jeder Wohnungseigentümer hat eine Stimme. Steht ein Wohnungseigentum mehreren gemeinschaftlich zu, so können sie das Stimmrecht nur einheitlich ausüben.

(3) Die Versammlung ist nur beschlußfähig, wenn die erschienenen stimmberechtigten Wohnungseigentümer mehr als die Hälfte der Miteigentumsanteile, berechnet nach der im Grundbuch eingetragenen Größe dieser Anteile, vertreten.

(4) Ist eine Versammlung nicht gemäß Absatz 3 beschlußfähig, so beruft der Verwalter eine neue Versammlung mit dem gleichen

Gegenstand ein. Diese Versammlung ist ohne Rücksicht auf die Höhe der vertretenen Anteile beschlußfähig; hierauf ist bei der Einberufung hinzuweisen.

(5) Ein Wohnungseigentümer ist nicht stimmberechtigt, wenn die Beschlußfassung die Vornahme eines auf die Verwaltung des gemeinschaftlichen Eigentums bezüglichen Rechtsgeschäfts mit ihm oder die Einleitung oder Erledigung eines Rechtsstreits der anderen Wohnungseigentümer gegen ihn betrifft oder wenn er nach § 18 rechtskräftig verurteilt ist.

§ 26 Bestellung und Abberufung des Verwalters

(1) Über die Bestellung und Abberufung des Verwalters beschließen die Wohnungseigentümer mit Stimmenmehrheit. Die Bestellung darf auf höchstens fünf Jahre vorgenommen werden, im Falle der ersten Bestellung nach der Begründung von Wohnungseigentum aber auf höchstens drei Jahre. Die Abberufung des Verwalters kann auf das Vorliegen eines wichtigen Grundes beschränkt werden. Ein wichtiger Grund liegt regelmäßig vor, wenn der Verwalter die Beschluss-Sammlung nicht ordnungsmäßig führt. Andere Beschränkungen der Bestellung oder Abberufung des Verwalters sind nicht zulässig.

(2) Die wiederholte Bestellung ist zulässig; sie bedarf eines erneuten Beschlusses der Wohnungseigentümer, der frühestens ein Jahr vor Ablauf der Bestellungszeit gefaßt werden kann.

(3) Soweit die Verwaltereigenschaft durch eine öffentlich beglaubigte

Urkunde nachgewiesen werden muß, genügt die Vorlage einer Niederschrift über den Bestellungsbeschluß, bei der die Unterschriften der in § 24 Abs. 6 bezeichneten Personen öffentlich beglaubigt sind.

§ 27 Aufgaben und Befugnisse des Verwalters

(1) Der Verwalter ist gegenüber den Wohnungseigentümern und gegenüber der Gemeinschaft der Wohnungseigentümer berechtigt und verpflichtet,

1.

Beschlüsse der Wohnungseigentümer durchzuführen und für die Durchführung der Hausordnung zu sorgen;

2.

die für die ordnungsmäßige Instandhaltung und Instandsetzung des gemeinschaftlichen Eigentums erforderlichen Maßnahmen zu treffen;

3.

in dringenden Fällen sonstige zur Erhaltung des gemeinschaftlichen Eigentums erforderliche Maßnahmen zu treffen;

4.

Lasten- und Kostenbeiträge, Tilgungsbeträge und Hypothekenzinsen anzufordern, in Empfang zu nehmen und abzuführen, soweit es sich um gemeinschaftliche Angelegenheiten der Wohnungseigentümer handelt;

5.

alle Zahlungen und Leistungen zu bewirken und entgegenzunehmen, die mit der laufenden Verwaltung des gemeinschaftlichen Eigentums zusammenhängen;

6. eingenommene Gelder zu verwalten;

7. die Wohnungseigentümer unverzüglich darüber zu unterrichten, dass ein Rechtsstreit gemäß § 43 anhängig ist;

8. die Erklärungen abzugeben, die zur Vornahme der in § 21 Abs. 5 Nr. 6 bezeichneten Maßnahmen erforderlich sind.

(2) Der Verwalter ist berechtigt, im Namen aller Wohnungseigentümer und mit Wirkung für und gegen sie

1. Willenserklärungen und Zustellungen entgegenzunehmen, soweit sie an alle Wohnungseigentümer in dieser Eigenschaft gerichtet sind;

2. Maßnahmen zu treffen, die zur Wahrung einer Frist oder zur Abwendung eines sonstigen Rechtsnachteils erforderlich sind, insbesondere einen gegen die Wohnungseigentümer gerichteten Rechtsstreit gemäß § 43 Nr. 1, Nr. 4 oder Nr. 5 im Erkenntnis- und Vollstreckungsverfahren zu führen;

3. Ansprüche gerichtlich und außergerichtlich geltend zu machen, sofern er hierzu durch Vereinbarung oder Beschluss mit Stimmenmehrheit der Wohnungseigentümer ermächtigt ist;

4.

mit einem Rechtsanwalt wegen eines Rechtsstreits gemäß § 43 Nr. 1, Nr. 4 oder Nr. 5 zu vereinbaren, dass sich die Gebühren nach einem höheren als dem gesetzlichen Streitwert, höchstens nach einem gemäß § 49a Abs. 1 Satz 1 des Gerichtskostengesetzes bestimmten Streitwert bemessen.

(3) Der Verwalter ist berechtigt, im Namen der Gemeinschaft der Wohnungseigentümer und mit Wirkung für und gegen sie

1.

Willenserklärungen und Zustellungen entgegenzunehmen;

2.

Maßnahmen zu treffen, die zur Wahrung einer Frist oder zur Abwendung eines sonstigen Rechtsnachteils erforderlich sind, insbesondere einen gegen die Gemeinschaft gerichteten Rechtsstreit gemäß § 43 Nr. 2 oder Nr. 5 im Erkenntnis- und Vollstreckungsverfahren zu führen;

3.

die laufenden Maßnahmen der erforderlichen ordnungsmäßigen Instandhaltung und Instandsetzung gemäß Absatz 1 Nr. 2 zu treffen;

4.

die Maßnahmen gemäß Absatz 1 Nr. 3 bis 5 und 8 zu treffen;

5.

im Rahmen der Verwaltung der eingenommenen Gelder gemäß Absatz 1 Nr. 6 Konten zu führen;

6.

mit einem Rechtsanwalt wegen eines Rechtsstreits gemäß § 43

Nr. 2 oder Nr. 5 eine Vergütung gemäß Absatz 2 Nr. 4 zu vereinbaren;

7. sonstige Rechtsgeschäfte und Rechtshandlungen vorzunehmen, soweit er hierzu durch Vereinbarung oder Beschluss der Wohnungseigentümer mit Stimmenmehrheit ermächtigt ist.

Fehlt ein Verwalter oder ist er zur Vertretung nicht berechtigt, so vertreten alle Wohnungseigentümer die Gemeinschaft. Die Wohnungseigentümer können durch Beschluss mit Stimmenmehrheit einen oder mehrere Wohnungseigentümer zur Vertretung ermächtigen.

(4) Die dem Verwalter nach den Absätzen 1 bis 3 zustehenden Aufgaben und Befugnisse können durch Vereinbarung der Wohnungseigentümer nicht eingeschränkt oder ausgeschlossen werden.

(5) Der Verwalter ist verpflichtet, eingenommene Gelder von seinem Vermögen gesondert zu halten. Die Verfügung über solche Gelder kann durch Vereinbarung oder Beschluss der Wohnungseigentümer mit Stimmenmehrheit von der Zustimmung eines Wohnungseigentümers oder eines Dritten abhängig gemacht werden.

(6) Der Verwalter kann von den Wohnungseigentümern die Ausstellung einer Vollmachts- und Ermächtigungsurkunde verlangen, aus der der Umfang seiner Vertretungsmacht ersichtlich ist.

§ 28 Wirtschaftsplan, Rechnungslegung

(1) Der Verwalter hat jeweils für ein Kalenderjahr einen Wirtschaftsplan aufzustellen. Der Wirtschaftsplan enthält:

1. die voraussichtlichen Einnahmen und Ausgaben bei der Verwaltung des gemeinschaftlichen Eigentums;
2. die anteilmäßige Verpflichtung der Wohnungseigentümer zur Lasten- und Kostentragung;
3. die Beitragsleistung der Wohnungseigentümer zu der in § 21 Abs. 5 Nr. 4 vorgesehenen Instandhaltungsrückstellung.

(2) Die Wohnungseigentümer sind verpflichtet, nach Abruf durch den Verwalter dem beschlossenen Wirtschaftsplan entsprechende Vorschüsse zu leisten.

(3) Der Verwalter hat nach Ablauf des Kalenderjahrs eine Abrechnung aufzustellen.

(4) Die Wohnungseigentümer können durch Mehrheitsbeschluß jederzeit von dem Verwalter Rechnungslegung verlangen.

(5) Über den Wirtschaftsplan, die Abrechnung und die Rechnungslegung des Verwalters beschließen die Wohnungseigentümer durch Stimmenmehrheit.

§ 29 Verwaltungsbeirat

(1) Die Wohnungseigentümer können durch Stimmenmehrheit die Bestellung eines Verwaltungsbeirats beschließen. Der Verwaltungsbeirat besteht aus einem Wohnungseigentümer als Vorsitzenden und zwei weiteren Wohnungseigentümern als Beisitzern.

(2) Der Verwaltungsbeirat unterstützt den Verwalter bei der Durchführung seiner Aufgaben.

(3) Der Wirtschaftsplan, die Abrechnung über den Wirtschaftsplan, Rechnungslegungen und Kostenanschläge sollen, bevor über sie die Wohnungseigentümerversammlung beschließt, vom Verwaltungsbeirat geprüft und mit dessen Stellungnahme versehen werden.

(4) Der Verwaltungsbeirat wird von dem Vorsitzenden nach Bedarf einberufen.

4. Abschnitt
Wohnungserbbaurecht

§ 30

(1) Steht ein Erbbaurecht mehreren gemeinschaftlich nach Bruchteilen zu, so können die Anteile in der Weise beschränkt werden, daß jedem der Mitberechtigten das Sondereigentum an einer bestimmten Wohnung oder an nicht zu Wohnzwecken dienenden bestimmten

Räumen in einem auf Grund des Erbbaurechts errichteten oder zu errichtenden Gebäude eingeräumt wird (Wohnungserbbaurecht, Teilerbbaurecht).

(2) Ein Erbbauberechtigter kann das Erbbaurecht in entsprechender Anwendung des § 8 teilen.

(3) Für jeden Anteil wird von Amts wegen ein besonderes Erbbaugrundbuchblatt angelegt (Wohnungserbbaugrundbuch, Teilerbbaugrundbuch). Im übrigen gelten für das Wohnungserbbaurecht (Teilerbbaurecht) die Vorschriften über das Wohnungseigentum (Teileigentum) entsprechend.

II. Teil
Dauerwohnrecht

§ 31 Begriffsbestimmungen

(1) Ein Grundstück kann in der Weise belastet werden, daß derjenige, zu dessen Gunsten die Belastung erfolgt, berechtigt ist, unter Ausschluß des Eigentümers eine bestimmte Wohnung in einem auf dem Grundstück errichteten oder zu errichtenden Gebäude zu bewohnen oder in anderer Weise zu nutzen (Dauerwohnrecht). Das Dauerwohnrecht kann auf einen außerhalb des Gebäudes liegenden Teil des Grundstücks erstreckt werden, sofern die Wohnung wirtschaftlich die Hauptsache bleibt.

(2) Ein Grundstück kann in der Weise belastet werden, daß derjenige,

zu dessen Gunsten die Belastung erfolgt, berechtigt ist, unter Ausschluß des Eigentümers nicht zu Wohnzwecken dienende bestimmte Räume in einem auf dem Grundstück errichteten oder zu errichtenden Gebäude zu nutzen (Dauernutzungsrecht).

(3) Für das Dauernutzungsrecht gelten die Vorschriften über das Dauerwohnrecht entsprechend.

§ 32 Voraussetzungen der Eintragung

(1) Das Dauerwohnrecht soll nur bestellt werden, wenn die Wohnung in sich abgeschlossen ist.

(2) Zur näheren Bezeichnung des Gegenstands und des Inhalts des Dauerwohnrechts kann auf die Eintragungsbewilligung Bezug genommen werden. Der Eintragungsbewilligung sind als Anlagen beizufügen:

1.
   eine von der Baubehörde mit Unterschrift und Siegel oder Stempel versehene Bauzeichnung, aus der die Aufteilung des Gebäudes sowie die Lage und Größe der dem Dauerwohnrecht unterliegenden Gebäude- und Grundstücksteile ersichtlich ist (Aufteilungsplan); alle zu demselben Dauerwohnrecht gehörenden Einzelräume sind mit der jeweils gleichen Nummer zu kennzeichnen;

2.
   eine Bescheinigung der Baubehörde, daß die Voraussetzungen

des Absatzes 1 vorliegen.

Wenn in der Eintragungsbewilligung für die einzelnen Dauerwohnrechte Nummern angegeben werden, sollen sie mit denen des Aufteilungsplans übereinstimmen. Die Landesregierungen können durch Rechtsverordnung bestimmen, dass und in welchen Fällen der Aufteilungsplan (Satz 2 Nr. 1) und die Abgeschlossenheit (Satz 2 Nr. 2) von einem öffentlich bestellten oder anerkannten Sachverständigen für das Bauwesen statt von der Baubehörde ausgefertigt und bescheinigt werden. Werden diese Aufgaben von dem Sachverständigen wahrgenommen, so gelten die Bestimmungen der Allgemeinen Verwaltungsvorschrift für die Ausstellung von Bescheinigungen gemäß § 7 Abs. 4 Nr. 2 und § 32 Abs. 2 Nr. 2 des Wohnungseigentumsgesetzes vom 19. März 1974 (BAnz. Nr. 58 vom 23. März 1974) entsprechend. In diesem Fall bedürfen die Anlagen nicht der Form des § 29 der Grundbuchordnung. Die Landesregierungen können die Ermächtigung durch Rechtsverordnung auf die Landesbauverwaltungen übertragen.

(3) Das Grundbuchamt soll die Eintragung des Dauerwohnrechts ablehnen, wenn über die in § 33 Abs. 4 Nr. 1 bis 4 bezeichneten Angelegenheiten, über die Voraussetzungen des Heimfallanspruchs (§ 36 Abs. 1) und über die Entschädigung beim Heimfall (§ 36 Abs. 4) keine Vereinbarungen getroffen sind.

§ 33 Inhalt des Dauerwohnrechts

(1) Das Dauerwohnrecht ist veräußerlich und vererblich. Es kann nicht

unter einer Bedingung bestellt werden.

(2) Auf das Dauerwohnrecht sind, soweit nicht etwas anderes vereinbart ist, die Vorschriften des § 14 entsprechend anzuwenden.

(3) Der Berechtigte kann die zum gemeinschaftlichen Gebrauch bestimmten Teile, Anlagen und Einrichtungen des Gebäudes und Grundstücks mitbenutzen, soweit nichts anderes vereinbart ist.

(4) Als Inhalt des Dauerwohnrechts können Vereinbarungen getroffen werden über:

1.
   Art und Umfang der Nutzungen;
2.
   Instandhaltung und Instandsetzung der dem Dauerwohnrecht unterliegenden Gebäudeteile;
3.
   die Pflicht des Berechtigten zur Tragung öffentlicher oder privatrechtlicher Lasten des Grundstücks;
4.
   die Versicherung des Gebäudes und seinen Wiederaufbau im Falle der Zerstörung;
5.
   das Recht des Eigentümers, bei Vorliegen bestimmter Voraussetzungen Sicherheitsleistung zu verlangen.

§ 34 Ansprüche des Eigentümers und der Dauerwohnberechtigten

(1) Auf die Ersatzansprüche des Eigentümers wegen Veränderungen oder Verschlechterungen sowie auf die Ansprüche der Dauerwohnberechtigten auf Ersatz von Verwendungen oder auf Gestattung der Wegnahme einer Einrichtung sind die §§ 1049, 1057 des Bürgerlichen Gesetzbuchs entsprechend anzuwenden.

(2) Wird das Dauerwohnrecht beeinträchtigt, so sind auf die Ansprüche des Berechtigten die für die Ansprüche aus dem Eigentum geltenden Vorschriften entsprechend anzuwenden.

§ 35 Veräußerungsbeschränkung

Als Inhalt des Dauerwohnrechts kann vereinbart werden, daß der Berechtigte zur Veräußerung des Dauerwohnrechts der Zustimmung des Eigentümers oder eines Dritten bedarf. Die Vorschriften des § 12 gelten in diesem Fall entsprechend.

§ 36 Heimfallanspruch

(1) Als Inhalt des Dauerwohnrechts kann vereinbart werden, daß der Berechtigte verpflichtet ist, das Dauerwohnrecht beim Eintritt bestimmter Voraussetzungen auf den Grundstückseigentümer oder einen von diesem zu bezeichnenden Dritten zu übertragen

(Heimfallanspruch). Der Heimfallanspruch kann nicht von dem Eigentum an dem Grundstück getrennt werden.

(2) Bezieht sich das Dauerwohnrecht auf Räume, die dem Mieterschutz unterliegen, so kann der Eigentümer von dem Heimfallanspruch nur Gebrauch machen, wenn ein Grund vorliegt, aus dem ein Vermieter die Aufhebung des Mietverhältnisses verlangen oder kündigen kann.

(3) Der Heimfallanspruch verjährt in sechs Monaten von dem Zeitpunkt an, in dem der Eigentümer von dem Eintritt der Voraussetzungen Kenntnis erlangt, ohne Rücksicht auf diese Kenntnis in zwei Jahren von dem Eintritt der Voraussetzungen an.

(4) Als Inhalt des Dauerwohnrechts kann vereinbart werden, daß der Eigentümer dem Berechtigten eine Entschädigung zu gewähren hat, wenn er von dem Heimfallanspruch Gebrauch macht. Als Inhalt des Dauerwohnrechts können Vereinbarungen über die Berechnung oder Höhe der Entschädigung oder die Art ihrer Zahlung getroffen werden.

§ 37 Vermietung

(1) Hat der Dauerwohnberechtigte die dem Dauerwohnrecht unterliegenden Gebäude- oder Grundstücksteile vermietet oder verpachtet, so erlischt das Miet- oder Pachtverhältnis, wenn das Dauerwohnrecht erlischt.

(2) Macht der Eigentümer von seinem Heimfallanspruch Gebrauch, so tritt er oder derjenige, auf den das Dauerwohnrecht zu übertragen ist,

in das Miet- oder Pachtverhältnis ein; die Vorschriften der §§ 566 bis 566e des Bürgerlichen Gesetzbuchs gelten entsprechend.

(3) Absatz 2 gilt entsprechend, wenn das Dauerwohnrecht veräußert wird. Wird das Dauerwohnrecht im Wege der Zwangsvollstreckung veräußert, so steht dem Erwerber ein Kündigungsrecht in entsprechender Anwendung des § 57a des Gesetzes über die Zwangsversteigerung und die Zwangsverwaltung zu.

§ 38 Eintritt in das Rechtsverhältnis

(1) Wird das Dauerwohnrecht veräußert, so tritt der Erwerber an Stelle des Veräußerers in die sich während der Dauer seiner Berechtigung aus dem Rechtsverhältnis zu dem Eigentümer ergebenden Verpflichtungen ein.

(2) Wird das Grundstück veräußert, so tritt der Erwerber an Stelle des Veräußerers in die sich während der Dauer seines Eigentums aus dem Rechtsverhältnis zu dem Dauerwohnberechtigten ergebenden Rechte ein. Das gleiche gilt für den Erwerb auf Grund Zuschlages in der Zwangsversteigerung, wenn das Dauerwohnrecht durch den Zuschlag nicht erlischt.

§ 39 Zwangsversteigerung

(1) Als Inhalt des Dauerwohnrechts kann vereinbart werden, daß das Dauerwohnrecht im Falle der Zwangsversteigerung des Grundstücks

abweichend von § 44 des Gesetzes über die Zwangsversteigerung und die Zwangsverwaltung auch dann bestehen bleiben soll, wenn der Gläubiger einer dem Dauerwohnrecht im Range vorgehenden oder gleichstehenden Hypothek, Grundschuld, Rentenschuld oder Reallast die Zwangsversteigerung in das Grundstück betreibt.

(2) Eine Vereinbarung gemäß Absatz 1 bedarf zu ihrer Wirksamkeit der Zustimmung derjenigen, denen eine dem Dauerwohnrecht im Range vorgehende oder gleichstehende Hypothek, Grundschuld, Rentenschuld oder Reallast zusteht.

(3) Eine Vereinbarung gemäß Absatz 1 ist nur wirksam für den Fall, daß der Dauerwohnberechtigte im Zeitpunkt der Feststellung der Versteigerungsbedingungen seine fälligen Zahlungsverpflichtungen gegenüber dem Eigentümer erfüllt hat; in Ergänzung einer Vereinbarung nach Absatz 1 kann vereinbart werden, daß das Fortbestehen des Dauerwohnrechts vom Vorliegen weiterer Voraussetzungen abhängig ist.

§ 40 Haftung des Entgelts

(1) Hypotheken, Grundschulden, Rentenschulden und Reallasten, die dem Dauerwohnrecht im Range vorgehen oder gleichstehen, sowie öffentliche Lasten, die in wiederkehrenden Leistungen bestehen, erstrecken sich auf den Anspruch auf das Entgelt für das Dauerwohnrecht in gleicher Weise wie auf eine Mietforderung, soweit nicht in Absatz 2 etwas Abweichendes bestimmt ist. Im übrigen sind die für Mietforderungen geltenden Vorschriften nicht entsprechend

anzuwenden.

(2) Als Inhalt des Dauerwohnrechts kann vereinbart werden, daß Verfügungen über den Anspruch auf das Entgelt, wenn es in wiederkehrenden Leistungen ausbedungen ist, gegenüber dem Gläubiger einer dem Dauerwohnrecht im Range vorgehenden oder gleichstehenden Hypothek, Grundschuld, Rentenschuld oder Reallast wirksam sind. Für eine solche Vereinbarung gilt § 39 Abs. 2 entsprechend.

§ 41 Besondere Vorschriften für langfristige Dauerwohnrechte

(1) Für Dauerwohnrechte, die zeitlich unbegrenzt oder für einen Zeitraum von mehr als zehn Jahren eingeräumt sind, gelten die besonderen Vorschriften der Absätze 2 und 3.

(2) Der Eigentümer ist, sofern nicht etwas anderes vereinbart ist, dem Dauerwohnberechtigten gegenüber verpflichtet, eine dem Dauerwohnrecht im Range vorgehende oder gleichstehende Hypothek löschen zu lassen für den Fall, daß sie sich mit dem Eigentum in einer Person vereinigt, und die Eintragung einer entsprechenden Löschungsvormerkung in das Grundbuch zu bewilligen.

(3) Der Eigentümer ist verpflichtet, dem Dauerwohnberechtigten eine angemessene Entschädigung zu gewähren, wenn er von dem Heimfallanspruch Gebrauch macht.

§ 42 Belastung eines Erbbaurechts

(1) Die Vorschriften der §§ 31 bis 41 gelten für die Belastung eines Erbbaurechts mit einem Dauerwohnrecht entsprechend.

(2) Beim Heimfall des Erbbaurechts bleibt das Dauerwohnrecht bestehen.

III. Teil
Verfahrensvorschriften

§ 43 Zuständigkeit

Das Gericht, in dessen Bezirk das Grundstück liegt, ist ausschließlich zuständig für

1.
   Streitigkeiten über die sich aus der Gemeinschaft der Wohnungseigentümer und aus der Verwaltung des gemeinschaftlichen Eigentums ergebenden Rechte und Pflichten der Wohnungseigentümer untereinander;

2.
   Streitigkeiten über die Rechte und Pflichten zwischen der Gemeinschaft der Wohnungseigentümer und Wohnungseigentümern;

3.
   Streitigkeiten über die Rechte und Pflichten des Verwalters bei der

    Verwaltung des gemeinschaftlichen Eigentums;

4.

    Streitigkeiten über die Gültigkeit von Beschlüssen der Wohnungseigentümer;

5.

    Klagen Dritter, die sich gegen die Gemeinschaft der Wohnungseigentümer oder gegen Wohnungseigentümer richten und sich auf das gemeinschaftliche Eigentum, seine Verwaltung oder das Sondereigentum beziehen;

6.

    Mahnverfahren, wenn die Gemeinschaft der Wohnungseigentümer Antragstellerin ist. Insoweit ist § 689 Abs. 2 der Zivilprozessordnung nicht anzuwenden.

    § 44 Bezeichnung der Wohnungseigentümer in der Klageschrift

(1) Wird die Klage durch oder gegen alle Wohnungseigentümer mit Ausnahme des Gegners erhoben, so genügt für ihre nähere Bezeichnung in der Klageschrift die bestimmte Angabe des gemeinschaftlichen Grundstücks; wenn die Wohnungseigentümer Beklagte sind, sind in der Klageschrift außerdem der Verwalter und der gemäß § 45 Abs. 2 Satz 1 bestellte Ersatzzustellungsvertreter zu bezeichnen. Die namentliche Bezeichnung der Wohnungseigentümer hat spätestens bis zum Schluss der mündlichen Verhandlung zu erfolgen.

(2) Sind an dem Rechtsstreit nicht alle Wohnungseigentümer als Partei beteiligt, so sind die übrigen Wohnungseigentümer entsprechend Absatz 1 von dem Kläger zu bezeichnen. Der namentlichen

Bezeichnung der übrigen Wohnungseigentümer bedarf es nicht, wenn das Gericht von ihrer Beiladung gemäß § 48 Abs. 1 Satz 1 absieht.

§ 45 Zustellung

(1) Der Verwalter ist Zustellungsvertreter der Wohnungseigentümer, wenn diese Beklagte oder gemäß § 48 Abs. 1 Satz 1 beizuladen sind, es sei denn, dass er als Gegner der Wohnungseigentümer an dem Verfahren beteiligt ist oder aufgrund des Streitgegenstandes die Gefahr besteht, der Verwalter werde die Wohnungseigentümer nicht sachgerecht unterrichten.

(2) Die Wohnungseigentümer haben für den Fall, dass der Verwalter als Zustellungsvertreter ausgeschlossen ist, durch Beschluss mit Stimmenmehrheit einen Ersatzzustellungsvertreter sowie dessen Vertreter zu bestellen, auch wenn ein Rechtsstreit noch nicht anhängig ist. Der Ersatzzustellungsvertreter tritt in die dem Verwalter als Zustellungsvertreter der Wohnungseigentümer zustehenden Aufgaben und Befugnisse ein, sofern das Gericht die Zustellung an ihn anordnet; Absatz 1 gilt entsprechend.

(3) Haben die Wohnungseigentümer entgegen Absatz 2 Satz 1 keinen Ersatzzustellungsvertreter bestellt oder ist die Zustellung nach den Absätzen 1 und 2 aus sonstigen Gründen nicht ausführbar, kann das Gericht einen Ersatzzustellungsvertreter bestellen.

§ 46 Anfechtungsklage

(1) Die Klage eines oder mehrerer Wohnungseigentümer auf Erklärung der Ungültigkeit eines Beschlusses der Wohnungseigentümer ist gegen die übrigen Wohnungseigentümer und die Klage des Verwalters ist gegen die Wohnungseigentümer zu richten. Sie muss innerhalb eines Monats nach der Beschlussfassung erhoben und innerhalb zweier Monate nach der Beschlussfassung begründet werden. Die §§ 233 bis 238 der Zivilprozessordnung gelten entsprechend.

(2) Hat der Kläger erkennbar eine Tatsache übersehen, aus der sich ergibt, dass der Beschluss nichtig ist, so hat das Gericht darauf hinzuweisen.

§ 47 Prozessverbindung

Mehrere Prozesse, in denen Klagen auf Erklärung oder Feststellung der Ungültigkeit desselben Beschlusses der Wohnungseigentümer erhoben werden, sind zur gleichzeitigen Verhandlung und Entscheidung zu verbinden. Die Verbindung bewirkt, dass die Kläger der vorher selbständigen Prozesse als Streitgenossen anzusehen sind.

§ 48 Beiladung, Wirkung des Urteils

(1) Richtet sich die Klage eines Wohnungseigentümers, der in einem Rechtsstreit gemäß § 43 Nr. 1 oder Nr. 3 einen ihm allein zustehenden Anspruch geltend macht, nur gegen einen oder einzelne Wohnungseigentümer oder nur gegen den Verwalter, so sind die übrigen Wohnungseigentümer beizuladen, es sei denn, dass ihre rechtlichen Interessen erkennbar nicht betroffen sind. Soweit in einem Rechtsstreit gemäß § 43 Nr. 3 oder Nr. 4 der Verwalter nicht Partei ist, ist er ebenfalls beizuladen.

(2) Die Beiladung erfolgt durch Zustellung der Klageschrift, der die Verfügungen des Vorsitzenden beizufügen sind. Die Beigeladenen können der einen oder anderen Partei zu deren Unterstützung beitreten. Veräußert ein beigeladener Wohnungseigentümer während des Prozesses sein Wohnungseigentum, ist § 265 Abs. 2 der Zivilprozessordnung entsprechend anzuwenden.

(3) Über die in § 325 der Zivilprozessordnung angeordneten Wirkungen hinaus wirkt das rechtskräftige Urteil auch für und gegen alle beigeladenen Wohnungseigentümer und ihre Rechtsnachfolger sowie den beigeladenen Verwalter.

(4) Wird durch das Urteil eine Anfechtungsklage als unbegründet abgewiesen, so kann auch nicht mehr geltend gemacht werden, der Beschluss sei nichtig.

§ 49 Kostenentscheidung

(1) Wird gemäß § 21 Abs. 8 nach billigem Ermessen entschieden, so können auch die Prozesskosten nach billigem Ermessen verteilt werden.

(2) Dem Verwalter können Prozesskosten auferlegt werden, soweit die Tätigkeit des Gerichts durch ihn veranlasst wurde und ihn ein grobes Verschulden trifft, auch wenn er nicht Partei des Rechtsstreits ist.

§ 50 Kostenerstattung

Den Wohnungseigentümern sind als zur zweckentsprechenden Rechtsverfolgung oder Rechtsverteidigung notwendige Kosten nur die Kosten eines bevollmächtigten Rechtsanwalts zu erstatten, wenn nicht aus Gründen, die mit dem Gegenstand des Rechtsstreits zusammenhängen, eine Vertretung durch mehrere bevollmächtigte Rechtsanwälte geboten war.

§§ 51 und 52 (weggefallen)

§§ 53 bis 58 (weggefallen)

IV. Teil
Ergänzende Bestimmungen

§ 59 (weggefallen)

-

§ 60 (weggefallen)

-

§ 61

Fehlt eine nach § 12 erforderliche Zustimmung, so sind die Veräußerung und das zugrundeliegende Verpflichtungsgeschäft unbeschadet der sonstigen Voraussetzungen wirksam, wenn die Eintragung der Veräußerung oder einer Auflassungsvormerkung in das Grundbuch vor dem 15. Januar 1994 erfolgt ist und es sich um die erstmalige Veräußerung dieses Wohnungseigentums nach seiner Begründung handelt, es sei denn, daß eine rechtskräftige gerichtliche

Entscheidung entgegensteht. Das Fehlen der Zustimmung steht in diesen Fällen dem Eintritt der Rechtsfolgen des § 878 Bürgerlichen Gesetzbuchs nicht entgegen. Die Sätze 1 und 2 gelten entsprechend in den Fällen der §§ 30 und 35 des Wohnungseigentumsgesetzes.

§ 62 Übergangsvorschrift

(1) Für die am 1. Juli 2007 bei Gericht anhängigen Verfahren in Wohnungseigentums- oder in Zwangsversteigerungssachen oder für die bei einem Notar beantragten freiwilligen Versteigerungen sind die durch die Artikel 1 und 2 des Gesetzes vom 26. März 2007 (BGBl. I S. 370) geänderten Vorschriften des III. Teils dieses Gesetzes sowie die des Gesetzes über die Zwangsversteigerung und die Zwangsverwaltung in ihrer bis dahin geltenden Fassung weiter anzuwenden.

(2) In Wohnungseigentumssachen nach § 43 Nr. 1 bis 4 finden die Bestimmungen über die Nichtzulassungsbeschwerde (§ 543 Abs. 1 Nr. 2, § 544 der Zivilprozessordnung) keine Anwendung, soweit die anzufechtende Entscheidung vor dem 31. Dezember 2015 verkündet worden ist.

§ 63 Überleitung bestehender Rechtsverhältnisse

(1) Werden Rechtsverhältnisse, mit denen ein Rechtserfolg bezweckt wird, der den durch dieses Gesetz geschaffenen Rechtsformen

entspricht, in solche Rechtsformen umgewandelt, so ist als Geschäftswert für die Berechnung der hierdurch veranlaßten Gebühren der Gerichte und Notare im Falle des Wohnungseigentums ein Fünfundzwanzigstel des Einheitswerts des Grundstücks, im Falle des Dauerwohnrechts ein Fünfundzwanzigstel des Wertes des Rechts anzunehmen.

(2)

(3) Durch Landesgesetz können Vorschriften zur Überleitung bestehender, auf Landesrecht beruhender Rechtsverhältnisse in die durch dieses Gesetz geschaffenen Rechtsformen getroffen werden.

§ 64 Inkrafttreten

Dieses Gesetz tritt am Tage nach seiner Verkündung in Kraft.

Bürgerliches Gesetzbuch (BGB)

(Relevante Auszüge)

BGB
Ausfertigungsdatum: 18.08.1896

"Bürgerliches Gesetzbuch in der Fassung der Bekanntmachung vom 2. Januar 2002 (BGBl. I S. 42, 2909; 2003 I S. 738), das zuletzt durch Artikel 1 des Gesetzes vom 20. Juli 2017 (BGBl. I S. 2787) geändert worden ist".Neugefasst durch Bek. v. 2.1.2002 I 42, 2909; 2003, 738; zuletzt geändert durch Art. 1 G v. 20.7.2017 I 2787.

Kapitel 6
Besonderheiten bei der Bildung von Wohnungseigentum an vermieteten Wohnungen

-

§ 577 Vorkaufsrecht des Mieters

(1) Werden vermietete Wohnräume, an denen nach der Überlassung an den Mieter Wohnungseigentum begründet worden ist oder begründet werden soll, an einen Dritten verkauft, so ist der Mieter zum Vorkauf berechtigt. Dies gilt nicht, wenn der Vermieter die Wohnräume an einen Familienangehörigen oder an einen Angehörigen seines Haushalts verkauft. Soweit sich nicht aus den nachfolgenden Absätzen

etwas anderes ergibt, finden auf das Vorkaufsrecht die Vorschriften über den Vorkauf Anwendung.

(2) Die Mitteilung des Verkäufers oder des Dritten über den Inhalt des Kaufvertrags ist mit einer Unterrichtung des Mieters über sein Vorkaufsrecht zu verbinden.

(3) Die Ausübung des Vorkaufsrechts erfolgt durch schriftliche Erklärung des Mieters gegenüber dem Verkäufer.

(4) Stirbt der Mieter, so geht das Vorkaufsrecht auf diejenigen über, die in das Mietverhältnis nach § 563 Abs. 1 oder 2 eintreten.

(5) Eine zum Nachteil des Mieters abweichende Vereinbarung ist unwirksam.

-

§ 577a Kündigungsbeschränkung bei Wohnungsumwandlung

(1) Ist an vermieteten Wohnräumen nach der Überlassung an den Mieter Wohnungseigentum begründet und das Wohnungseigentum veräußert worden, so kann sich ein Erwerber auf berechtigte Interessen im Sinne des § 573 Abs. 2 Nr. 2 oder 3 erst nach Ablauf von drei Jahren seit der Veräußerung berufen.

(1a) Die Kündigungsbeschränkung nach Absatz 1 gilt entsprechend, wenn vermieteter Wohnraum nach der Überlassung an den Mieter

1.

an eine Personengesellschaft oder an mehrere Erwerber veräußert worden ist oder

2. zu Gunsten einer Personengesellschaft oder mehrerer Erwerber mit einem Recht belastet worden ist, durch dessen Ausübung dem Mieter der vertragsgemäße Gebrauch entzogen wird.

Satz 1 ist nicht anzuwenden, wenn die Gesellschafter oder Erwerber derselben Familie oder demselben Haushalt angehören oder vor Überlassung des Wohnraums an den Mieter Wohnungseigentum begründet worden ist.

(2) Die Frist nach Absatz 1 oder nach Absatz 1a beträgt bis zu zehn Jahre, wenn die ausreichende Versorgung der Bevölkerung mit Mietwohnungen zu angemessenen Bedingungen in einer Gemeinde oder einem Teil einer Gemeinde besonders gefährdet ist und diese Gebiete nach Satz 2 bestimmt sind. Die Landesregierungen werden ermächtigt, diese Gebiete und die Frist nach Satz 1 durch Rechtsverordnung für die Dauer von jeweils höchstens zehn Jahren zu bestimmen.

(2a) Wird nach einer Veräußerung oder Belastung im Sinne des Absatzes 1a Wohnungseigentum begründet, so beginnt die Frist, innerhalb der eine Kündigung nach § 573 Absatz 2 Nummer 2 oder 3 ausgeschlossen ist, bereits mit der Veräußerung oder Belastung nach Absatz 1a.

(3) Eine zum Nachteil des Mieters abweichende Vereinbarung ist unwirksam.

§ 1361b Ehewohnung bei Getrenntleben

(1) Leben die Ehegatten voneinander getrennt oder will einer von ihnen getrennt leben, so kann ein Ehegatte verlangen, dass ihm der andere die Ehewohnung oder einen Teil zur alleinigen Benutzung überlässt, soweit dies auch unter Berücksichtigung der Belange des anderen Ehegatten notwendig ist, um eine unbillige Härte zu vermeiden. Eine unbillige Härte kann auch dann gegeben sein, wenn das Wohl von im Haushalt lebenden Kindern beeinträchtigt ist. Steht einem Ehegatten allein oder gemeinsam mit einem Dritten das Eigentum, das Erbbaurecht oder der Nießbrauch an dem Grundstück zu, auf dem sich die Ehewohnung befindet, so ist dies besonders zu berücksichtigen; Entsprechendes gilt für das Wohnungseigentum, das Dauerwohnrecht und das dingliche Wohnrecht.

(2) Hat der Ehegatte, gegen den sich der Antrag richtet, den anderen Ehegatten widerrechtlich und vorsätzlich am Körper, der Gesundheit oder der Freiheit verletzt oder mit einer solchen Verletzung oder der Verletzung des Lebens widerrechtlich gedroht, ist in der Regel die gesamte Wohnung zur alleinigen Benutzung zu überlassen. Der Anspruch auf Wohnungsüberlassung ist nur dann ausgeschlossen, wenn keine weiteren Verletzungen und widerrechtlichen Drohungen zu besorgen sind, es sei denn, dass dem verletzten Ehegatten das weitere Zusammenleben mit dem anderen wegen der Schwere der Tat nicht zuzumuten ist.

(3) Wurde einem Ehegatten die Ehewohnung ganz oder zum Teil überlassen, so hat der andere alles zu unterlassen, was geeignet ist, die Ausübung dieses Nutzungsrechts zu erschweren oder zu vereiteln. Er kann von dem nutzungsberechtigten Ehegatten eine Vergütung für die Nutzung verlangen, soweit dies der Billigkeit entspricht.

(4) Ist nach der Trennung der Ehegatten im Sinne des § 1567 Abs. 1 ein Ehegatte aus der Ehewohnung ausgezogen und hat er binnen sechs Monaten nach seinem Auszug eine ernstliche Rückkehrabsicht dem anderen Ehegatten gegenüber nicht bekundet, so wird unwiderleglich vermutet, dass er dem in der Ehewohnung verbliebenen Ehegatten das alleinige Nutzungsrecht überlassen hat.
-

§ 1362 Eigentumsvermutung

(1) Zugunsten der Gläubiger des Mannes und der Gläubiger der Frau wird vermutet, dass die im Besitz eines Ehegatten oder beider Ehegatten befindlichen beweglichen Sachen dem Schuldner gehören. Diese Vermutung gilt nicht, wenn die Ehegatten getrennt leben und sich die Sachen im Besitz des Ehegatten befinden, der nicht Schuldner ist. Inhaberpapiere und Orderpapiere, die mit Blankoindossament versehen sind, stehen den beweglichen Sachen gleich.

(2) Für die ausschließlich zum persönlichen Gebrauch eines Ehegatten bestimmten Sachen wird im Verhältnis der Ehegatten

zueinander und zu den Gläubigern vermutet, dass sie dem Ehegatten gehören, für dessen Gebrauch sie bestimmt sind.

Untertitel 1a
Behandlung der Ehewohnung und der Haushaltsgegenstände anlässlich der Scheidung

-

§ 1568a Ehewohnung

(1) Ein Ehegatte kann verlangen, dass ihm der andere Ehegatte anlässlich der Scheidung die Ehewohnung überlässt, wenn er auf deren Nutzung unter Berücksichtigung des Wohls der im Haushalt lebenden Kinder und der Lebensverhältnisse der Ehegatten in stärkerem Maße angewiesen ist als der andere Ehegatte oder die Überlassung aus anderen Gründen der Billigkeit entspricht.

(2) Ist einer der Ehegatten allein oder gemeinsam mit einem Dritten Eigentümer des Grundstücks, auf dem sich die Ehewohnung befindet, oder steht einem Ehegatten allein oder gemeinsam mit einem Dritten ein Nießbrauch, das Erbbaurecht oder ein dingliches Wohnrecht an dem Grundstück zu, so kann der andere Ehegatte die Überlassung nur verlangen, wenn dies notwendig ist, um eine unbillige Härte zu vermeiden. Entsprechendes gilt für das Wohnungseigentum und das Dauerwohnrecht.

(3) Der Ehegatte, dem die Wohnung überlassen wird, tritt

1.
> zum Zeitpunkt des Zugangs der Mitteilung der Ehegatten über die Überlassung an den Vermieter oder

2.
> mit Rechtskraft der Endentscheidung im Wohnungszuweisungsverfahren

an Stelle des zur Überlassung verpflichteten Ehegatten in ein von diesem eingegangenes Mietverhältnis ein oder setzt ein von beiden eingegangenes Mietverhältnis allein fort. § 563 Absatz 4 gilt entsprechend.

(4) Ein Ehegatte kann die Begründung eines Mietverhältnisses über eine Wohnung, die die Ehegatten auf Grund eines Dienst- oder Arbeitsverhältnisses innehaben, das zwischen einem von ihnen und einem Dritten besteht, nur verlangen, wenn der Dritte einverstanden oder dies notwendig ist, um eine schwere Härte zu vermeiden.

(5) Besteht kein Mietverhältnis über die Ehewohnung, so kann sowohl der Ehegatte, der Anspruch auf deren Überlassung hat, als auch die zur Vermietung berechtigte Person die Begründung eines Mietverhältnisses zu ortsüblichen Bedingungen verlangen. Unter den Voraussetzungen des § 575 Absatz 1 oder wenn die Begründung eines unbefristeten Mietverhältnisses unter Würdigung der berechtigten Interessen des Vermieters unbillig ist, kann der Vermieter eine angemessene Befristung des Mietverhältnisses verlangen. Kommt eine Einigung über die Höhe der Miete nicht zustande, kann

der Vermieter eine angemessene Miete, im Zweifel die ortsübliche Vergleichsmiete, verlangen.

(6) In den Fällen der Absätze 3 und 5 erlischt der Anspruch auf Eintritt in ein Mietverhältnis oder auf seine Begründung ein Jahr nach Rechtskraft der Endentscheidung in der Scheidungssache, wenn er nicht vorher rechtshängig gemacht worden ist.

§ 1568b Haushaltsgegenstände

(1) Jeder Ehegatte kann verlangen, dass ihm der andere Ehegatte anlässlich der Scheidung die im gemeinsamen Eigentum stehenden Haushaltsgegenstände überlässt und übereignet, wenn er auf deren Nutzung unter Berücksichtigung des Wohls der im Haushalt lebenden Kinder und der Lebensverhältnisse der Ehegatten in stärkerem Maße angewiesen ist als der andere Ehegatte oder dies aus anderen Gründen der Billigkeit entspricht.

(2) Haushaltsgegenstände, die während der Ehe für den gemeinsamen Haushalt angeschafft wurden, gelten für die Verteilung als gemeinsames Eigentum der Ehegatten, es sei denn, das Alleineigentum eines Ehegatten steht fest.

(3) Der Ehegatte, der sein Eigentum nach Absatz 1 überträgt, kann eine angemessene Ausgleichszahlung verlangen.

§ 1666a Grundsatz der Verhältnismäßigkeit; Vorrang öffentlicher Hilfen

(1) Maßnahmen, mit denen eine Trennung des Kindes von der elterlichen Familie verbunden ist, sind nur zulässig, wenn der Gefahr nicht auf andere Weise, auch nicht durch öffentliche Hilfen, begegnet werden kann. Dies gilt auch, wenn einem Elternteil vorübergehend oder auf unbestimmte Zeit die Nutzung der Familienwohnung untersagt werden soll. Wird einem Elternteil oder einem Dritten die Nutzung der vom Kind mitbewohnten oder einer anderen Wohnung untersagt, ist bei der Bemessung der Dauer der Maßnahme auch zu berücksichtigen, ob diesem das Eigentum, das Erbbaurecht oder der Nießbrauch an dem Grundstück zusteht, auf dem sich die Wohnung befindet; Entsprechendes gilt für das Wohnungseigentum, das Dauerwohnrecht, das dingliche Wohnrecht oder wenn der Elternteil oder Dritte Mieter der Wohnung ist.

(2) Die gesamte Personensorge darf nur entzogen werden, wenn andere Maßnahmen erfolglos geblieben sind oder wenn anzunehmen ist, dass sie zur Abwendung der Gefahr nicht ausreichen.

-

Anlage

Ausgewählte Grundsatzurteile

BGH, Urteil vom 25.10.2013, V ZR 212/12
(Gemeinschaftliches Eigentum an Wohnungseingangstüren)

Tenor

Die Revision gegen das Urteil der 17. Zivilkammer des Landgerichts Dortmund vom 20. Juli 2012 wird auf Kosten der Klägerin zurückgewiesen.

Von Rechts wegen.

Tatbestand

Die Parteien bilden eine Wohnungseigentümergemeinschaft. Der Zutritt zu den Wohnungen erfolgt über Laubengänge, die ihrerseits von dem Treppenhaus aus über eine Tür zugänglich sind. § 3 der Gemeinschaftsordnung enthält unter anderem die folgende Regelung:

"Zum Sondereigentum gehören ferner:

...

Die Türen der Zwischenwände innerhalb der Sondereigentumsräume, auch die Türen zum Treppenhaus, unbeschadet dessen, dass Veränderungen an der Außenseite derselben nur mit Mehrheitsbeschluss der Eigentümerversammlung vorgenommen werden dürfen..."

Die Klägerin tauschte ihre Wohnungseingangstür gegen eine anders gestaltete Tür aus. Auf die Klage der Wohnungseigentümergemeinschaft wurde sie rechtskräftig zum Ausbau der Tür verurteilt. In der Eigentümerversammlung vom 15. Juni 2011 beschlossen die Wohnungseigentümer mehrheitlich, dass die an den Laubengängen gelegenen, neu einzubauenden Wohnungseingangstüren der einzelnen Einheiten mit einem Glasscheibeneinsatz versehen werden und wie folgt aussehen sollen: "Material: Holz, Farbe: Mahagoni hell, Größe der Scheibe: 162,00 x 75,40 cm, Glasart: drahtornamentweiß".

Dagegen wendet sich die Klägerin mit der Anfechtungsklage. Das Amtsgericht hat den Beschluss für nichtig erklärt. Auf die Berufung der Beklagten hat das Landgericht das Urteil aufgehoben und die Klage abgewiesen. Mit der zugelassenen Revision, deren Zurückweisung die Beklagten beantragen, will die Klägerin das Urteil des Amtsgerichts wiederherstellen lassen.

Gründe

I.

Das Berufungsgericht meint, Wohnungseingangstüren stünden gemäß § 5 Abs. 1 und 2 WEG insgesamt zwingend im gemeinschaftlichen Eigentum der Wohnungseigentümer. Sie dienten dem gemeinschaftlichen Gebrauch, indem sie das Sonder- von dem Gemeinschaftseigentum abgrenzten. Darüber hinaus bestehe hier die Besonderheit, dass die Wohnungseingangstüren auf Laubengänge hinausführten und von außen sichtbar seien. Daher dienten sie dem Schutz des Gebäudes vor witterungsbedingten Einflüssen und damit dessen Sicherheit im Sinne von § 5 Abs. 2 WEG. Ferner ergebe sich aus § 5 Abs. 1 WEG, dass sie nicht Gegenstand des Sondereigentums sein könnten, weil durch ihre Entfernung oder Veränderung die äußere Gestaltung des Ge-2 bäudes unweigerlich verändert würde. Der Beschluss entspreche auch ordnungsmäßiger Verwaltung, weil er ein optisch einheitliches Erscheinungsbild der Anlage sicherstelle.

II.

Diese Ausführungen halten rechtlicher Nachprüfung stand.

1. Die Wohnungseigentümer sind gemäß § 21 Abs. 5 Nr. 2 WEG befugt, generelle Vorgaben zu der Gestaltung der Wohnungseingangstüren zu beschließen. Der Beschluss enthält keine Maßgaben für die Gestaltung des Sondereigentums, für die generell keine Beschlusskompetenz der Wohnungseigentümer besteht (vgl. Senat, Urteil vom 8. Februar 2013 - V ZR 238/11, ZflR 2013, 511 Rn. 14 mwN), weil Wohnungseingangstüren im gemeinschaftlichen Eigentum stehen.

a) Auf die Regelung in der Teilungserklärung, nach der die Türen der Zwischenwände innerhalb der Sondereigentumsräume und die Türen zum Treppenhaus zum Sondereigentum gehören, kommt es für die sachenrechtliche Zuordnung nicht an. Wie der Senat bereits klargestellt hat, kann durch eine Teilungserklärung Sondereigentum an wesentlichen Bestandteilen des Gebäudes (§§ 93, 94 BGB) nicht begründet werden (eingehend Senat, Urteil vom 26. Oktober 2012 - V ZR 57/12, NJW 2013, 1154 Rn. 10 f.). Wohnungseingangstüren gehören zu den wesentlichen Bestandteilen eines Gebäudes (§ 94 Abs. 2 BGB; MünchKomm-BGB/Stresemann, 6. Aufl., § 94 Rn. 23). Enthält die Teilungserklärung - wie hier - eine Aufzählung der zum Sondereigentum gehörenden Bestandteile des Gebäudes, hat dies nur deklaratorischen Charakter; welche wesentlichen Gebäudebestandteile im Sondereigentum stehen, bestimmt sich allein nach den gesetzlichen Regelungen in § 5 Abs. 1 bis 3 WEG 5

(Senat, Urteil vom 26. Oktober 2012 - V ZR 57/12, aaO, Rn. 11). Davon zu trennen ist die Frage, ob die Wohnungseigentümer die Pflicht zur Instandsetzung und Instandhaltung von Teilen des gemeinschaftlichen Eigentums bzw. zur Tragung der damit verbundenen Kosten abweichend von § 21 Abs. 5 Nr. 2, § 16 Abs. 2 WEG einzelnen Sondereigentümern auferlegen können (dazu Senat, Urteil vom 2. März 2012 - V ZR 174/11, NJW 2012, 1722 Rn. 7 f.).

b) Ob Wohnungseingangstüren im gemeinschaftlichen Eigentum oder im Sondereigentum stehen, wird unterschiedlich beurteilt. Nach vereinzelter Auffassung sind sie sondereigentumsfähig (so MünchKomm-BGB/Commichau, 6. Aufl., § 5 WEG Rn. 12 a.E.) und zählen nur dann zum Gemeinschaftseigentum, wenn sie im Sinne von § 5 Abs. 2 WEG für den Bestand oder die Sicherheit des Gebäudes erforderlich sind (OLG Düsseldorf, ZWE 2002, 279, 280; Greiner, Wohnungseigentumsrecht, 2. Aufl., Rn. 52). Andere ordnen nur die Innenseite der Tür (Staudinger/Rapp, BGB [2005], § 5 WEG Rn. 25) oder nur den Innenanstrich (Müller, Praktische Fragen des Wohnungseigentums, 5. Aufl., Teil 2 D Rn. 80) dem Sondereigentum zu. Überwiegender Auffassung zufolge stehen Wohnungseingangstüren dagegen stets insgesamt im gemeinschaftlichen Eigentum (OLG München, NJW 2007, 2418; OLG Stuttgart, BauR 2005, 1490 f.; OLG Düsseldorf, OLGR 2000, 1 ff.; Armbrüster in Bärmann, WEG, 12. Aufl., § 5 Rn. 124; Grziwotz in Jennißen, WEG, 3. Aufl., § 5 Rn. 105; Riecke/Schmidt/Schneider, WEG, 3. Aufl., § 5 Rn. 76; Spielbauer/ Then, WEG, 2. Aufl., § 5 Rn. 9 a.E.; Vandenhouten in Niedenführ/ Kümmel/Vandenhouten, WEG, 10. Aufl., § 5 Rn. 29; BeckOK WEG/Kesseler, Edition 17, § 5 Rn. 48; BeckOK BGB/Hügel, Edition 28, § 5 WEG Rn. 12).

c) Die letztere Auffassung trifft zu.

aa) Richtig ist allerdings, dass sich die Zuordnung zum gemeinschaftlichen Eigentum (auch) aus § 5 Abs. 2 WEG ergeben kann. Nach dieser Be-8 stimmung sind Teile des Gebäudes, die für dessen Bestand oder Sicherheit erforderlich sind, sowie Anlagen und Einrichtungen, die dem gemeinschaftlichen Gebrauch der Wohnungseigentümer dienen, nicht Gegenstand des Sondereigentums, selbst wenn sie sich im Bereich der im Sondereigentum stehenden Räume befinden. Hier sind die Wohnungseingangstüren den Feststellungen des Berufungsgerichts zufolge an der Außenwand des Gebäudes gelegen. Dann sind sie - wie das Berufungsgericht zutreffend ausführt - im Sinne von § 5 Abs. 2

WEG für den Bestand des Gebäudes erforderlich, weil sie dem Schutz des Gebäudes gegen Witterungseinflüsse dienen. Zugleich stehen sie gemäß § 5 Abs. 1 WEG im gemeinschaftlichen Eigentum. Dieser Vorschrift zufolge sind Gegenstand des Sondereigentums auch die zu den im Sondereigentum stehenden Räumen gehörenden Bestandteile des Gebäudes, die verändert, beseitigt oder eingefügt werden können, ohne dass dadurch das gemeinschaftliche Eigentum oder ein auf Sondereigentum beruhendes Recht eines anderen Wohnungseigentümers über das nach § 14 WEG zulässige Maß hinaus beeinträchtigt oder die äußere Gestaltung des Gebäudes verändert wird. Eine andere Gestaltung von Wohnungseingangstüren, die an der Außenwand gelegen sind, verändert regelmäßig die äußere Gestaltung des Gebäudes in diesem Sinne; davon geht das Berufungsgericht auch hier nachvollziehbar aus.

bb) Aber auch unabhängig davon, ob Wohnungseingangstüren innerhalb des Gebäudes oder an dessen Außenseite gelegen sind, sind sie gemäß § 5 Abs. 1 WEG zwingend dem gemeinschaftlichen Eigentum zugeordnet. Treppenhäuser und Laubengänge sind gemäß § 5 Abs. 2 WEG gemeinschaftliches Eigentum (BGH, Urteil vom 6. Juni 1991 - VII ZR 372/89, BGHZ 114, 383, 386). Wohnungseingangstüren, die das Sondereigentum von dem Treppenhaus oder - wie hier - einem Laubengang trennen, gehören nicht, wie es § 5 Abs. 1 WEG voraussetzt, zu den im Sondereigentum stehenden Räumen. Ob es für die Auslegung dieses Begriffs auf einen räumlichen oder einen funktionalen Zusam-11 menhang ankommt (vgl. Senat, Urteil vom 26. Oktober 2012 - V ZR 57/12, NJW 2013, 1154 Rn. 16 ff.), kann dahinstehen. Denn Wohnungseingangstüren stehen räumlich und funktional in einem Zusammenhang sowohl mit dem

Sonder- als auch dem Gemeinschaftseigentum. Erst durch ihre Einfügung wird die Abgeschlossenheit der dem Sondereigentum zugewiesenen Räume hergestellt, die vorliegen soll, damit Sondereigentum entstehen kann (§ 3 Abs. 2 Satz 1, § 7 Abs. 4 Nr. 2 WEG). Sie dienen stets der räumlichen Abgrenzung von Gemeinschafts- und Sondereigentum. Gehören sie damit räumlich und funktional (auch) zu dem Gemeinschaftseigentum, steht die gesamte Tür als einheitliche Sache im gemeinschaftlichen Eigentum (vgl. Armbrüster in Bärmann, WEG, 12. Aufl., § 5 Rn. 124).

2. Rechtsfehlerfrei verneint das Berufungsgericht Anfechtungsgründe. Der Beschluss entspricht schon deshalb ordnungsmäßiger Verwaltung, weil er ein einheitliches äußeres Erscheinungsbild der Wohnungseigentumsanlage sicherstellt. Ohne Erfolg macht die Klägerin geltend, ihr werde eine farbliche Gestaltung der Innenseite der Tür aufgezwungen. Denn mit der Frage, ob den Wohnungseigentümern eine abweichende farbliche Gestaltung der Innenseite der Wohnungseingangstür gestattet ist, befasst sich der Beschluss ersichtlich nicht. Das von dem Prozessbevollmächtigten der Klägerin in der mündlichen Verhandlung vor dem Senat angesprochene Anliegen einzelner Wohnungseigentümer, die für ihre Wohnungseingangstür bestimmte Sicherheitsstandards wünschen, kann im Rahmen ordnungsmäßiger Verwaltung (§ 21 Abs. 3 WEG) bei einer Beschlussfassung zu berücksichtigen sein. Nach den getroffenen Feststellungen hat dieser Aspekt in den Vorinstanzen jedoch keine Rolle gespielt; es ist nicht ersichtlich, dass die Klägerin ihre Klage innerhalb der Klagebegründungsfrist (§ 46 Abs. 1 Satz 2 WEG) auf etwaige mit der vorgegebenen Gestaltung verbundene Sicherheitsmängel gestützt hat.

III.

Die Kostenentscheidung beruht auf § 97 Abs. 1 ZPO.

Stresemann Lemke Roth Brückner Weinland Vorinstanzen:

AG Lüdenscheid, Entscheidung vom 19.01.2012 - 97a C 33/11 -
LG Dortmund, Entscheidung vom 20.07.2012 - 17 S 55/12 - 13

BGH, Urteil vom 11.10.2013, V ZR 271/12

(Darstellung der Zahlungen auf Wohngeldrückstände in der Jahresabrechnung)

Tenor

Die Revision gegen das Urteil der Zivilkammer 85 des Landgerichts Berlin vom 17. Oktober 2012 wird auf Kosten der Kläger zurückgewiesen.

Von Rechts wegen.

Tatbestand

Die Kläger sind seit Februar 2009 Eigentümer einer Eigentumswohnung. Nach der Gemeinschaftsordnung haften Veräußerer und Erwerber einer Wohnung gesamtschuldnerisch für Rückstände des Veräußerers gegenüber der

Wohnungseigentümergemeinschaft; ferner muss der Verwalter einen sich aus der Abrechnung ergebenden Überschuss auszahlen, soweit er nicht verrechnet werden kann. Im Jahr 2010 wurden die Kläger erstinstanzlich zur Zahlung von Wohngeldrückständen der Voreigentümerin in Höhe von 18.095,01 € nebst Zinsen verurteilt. Im Dezember 2010 zahlten sie darauf einen Teilbetrag von 11.574,51 € (Hauptforderung) zuzüglich 1.676,45 € (Zinsen) an die Gemeinschaft.

In der Eigentümerversammlung vom 21. Juli 2011 wurden die Gesamtjahresabrechnung und die Einzelabrechnungen für 2010 mehrheitlich genehmigt (TOP 4). In der Gesamtabrechnung werden die Gemeinschaftskosten in 1 Höhe von 63.211,59 € einzeln aufgeschlüsselt. Unter der Überschrift "Gemeinschaftserträge" wird die Zinszahlung der Kläger als "Zinsen aus Rechtsstreit" in Höhe von 1.676,45 € aufgeführt. Eine "Zusammengefasste Abrechnung für die Eigentümergemeinschaft" weist ein "Abrechnungsergebnis: Guthaben" von 27.108,14 € aus. Dieses errechnet sich aus "Hausgeldzahlungen" in Höhe von 93.643,28 € zuzüglich der "Gemeinschaftserträge" von 1.676,45 €, abzüglich der Gemeinschaftskosten in Höhe von 63.211,59 € und abzüglich der "Sollzuweisung zu den Rücklagen" in Höhe von 5.000 €. Die Zahlung der Kläger auf die Hausgeldrückstände aus den Vorjahren in Höhe von 11.574,51 € wird nicht gesondert aufgeführt, sondern ist in den "Hausgeldzahlungen" in Höhe von 93.643,28 € enthalten. Den Einzelabrechnungen zufolge werden die Gemeinschaftserträge - also die von den Klägern gezahlten Zinsen auf die Rückstände - an die einzelnen Eigentümer anteilig ausgekehrt, nicht aber das als Abrechnungsergebnis ermittelte Guthaben insgesamt. Tatsächlich führte die Verwaltung den von den Klägern auf die Hauptforderung gezahlten Betrag von 11.574,51 € im Jahr 2011 dem Rücklagenkonto zu.

Mit der Anfechtungsklage wollen die Kläger erreichen, dass die Genehmigung der Jahresabrechnung hinsichtlich der Berechnung und Feststellung der Abrechnungspositionen "Gemeinschaftserträge" und "Abrechnungsergebnis: Guthaben", die Genehmigung der Einzelabrechnungen dagegen insgesamt für ungültig erklärt wird. Hilfsweise wollen sie die Nichtigkeit des unter TOP 4 gefassten Beschlusses feststellen lassen. Das Amtsgericht hat den Beschluss hinsichtlich der Einzelabrechnung der Kläger auf das Anerkenntnis der Beklagten hin für ungültig erklärt und die Klage im Übrigen abgewiesen. Die Berufung der Kläger hat das Landgericht zurückgewiesen. Mit der zugelassenen Revision, deren Zurückweisung die Beklagten beantragen, verfolgen die Kläger ihr Klageziel hinsichtlich der Gesamtabrechnung und der Einzelabrechnungen der übrigen Eigentümer weiter. 3

Gründe

I.

Das Berufungsgericht meint, sowohl die Gesamtjahresabrechnung als auch die Einzelabrechnungen genügten den Anforderungen des § 28 Abs. 3 WEG. Die Abrechnung sei verständlich, obwohl die Hausgeldzahlungen aus dem laufenden Jahr mit Zahlungen auf Rückstände der Vorjahre zusammengefasst worden seien. Denn aus den Hausgeldkonten ergebe sich, dass die Zahlungen das Soll überstiegen hätten. Danach werde deutlich, dass Hausgelder nicht nur auf das abgerechnete Haushaltsjahr gezahlt worden seien. Die Zusammensetzung der Hausgeldzahlungen im Einzelnen könne durch Einsichtnahme in die Verwaltungsunterlagen in Erfahrung gebracht werden. Entgegen der Ansicht der Kläger sei es auch nicht zu beanstanden, dass das in der Gesamtabrechnung ermittelte Guthaben dem Rücklagenkonto zugeführt worden sei. Die in der Gemeinschaftsordnung vorgesehene Verpflichtung des Verwalters zur Auszahlung von Guthaben beziehe sich nur auf die Einzelabrechnungen. Die Wohnungseigentümer hätten darüber zu entscheiden, wie mit einem solchen Überschuss verfahren werden soll. Dazu habe es eines gesonderten Beschlusses nicht bedurft. Vielmehr hätten die Wohnungseigentümer mit der Beschlussfassung über die Jahresabrechnung und die Einzelabrechnungen auch darüber beschlossen, dass nur die von den Klägern auf die Rückstände gezahlten Zinsen, nicht aber die weiteren Überschüsse ausgekehrt werden sollten.

II.

Diese Ausführungen halten rechtlicher Nachprüfung stand.

1. Die Verwaltung einer Wohnungseigentümergemeinschaft hat gemäß § 28 Abs. 3 WEG nach Ablauf des Kalenderjahres eine Abrechnung der Einnahmen und Ausgaben zu erstellen. Dazu hat die Verwaltung eine geordnete und übersichtliche Einnahmen- und Ausgabenrechnung vorzulegen, die auch Angaben über die Höhe der gebildeten Rücklagen enthält. Sie muss für einen Wohnungseigentümer auch ohne Hinzuziehung fachlicher Unterstützung verständlich sein. Diesen Anforderungen genügt eine

Abrechnung nur, wenn sie, anders als der Wirtschaftsplan, nicht die geschuldeten Zahlungen und die vorgesehenen Ausgaben, sondern die tatsächlichen Einnahmen und Kosten ausweist (Senat, Urteil vom 4. Dezember 2009 - V ZR 44/09, NJW 2010, 2127 Rn. 10; Urteil vom 17. Februar 2012 - V ZR 251/10, NJW 2012, 1434 Rn. 16). Die Darstellung der Jahresabrechnung muss die Wohnungseigentümer in die Lage versetzen, die Vermögenslage der Wohnungseigentümergemeinschaft zu erfassen und auf ihre Plausibilität hin zu überprüfen. Sie müssen nachvollziehen können, was mit den eingezahlten Mitteln geschehen ist, insbesondere ob sie entsprechend den Vorgaben des Wirtschaftsplans eingesetzt worden sind. Die Jahresabrechnung ist nicht zuletzt die Grundlage für die Festlegung der endgültigen Höhe der Beiträge (Senat, Urteil vom 4. Dezember 2009 - V ZR 44/09, NJW 2010, 2127 Rn. 10, 17; Urteil vom 4. März 2011 - V ZR 156/10, ZWE 2011, 256 Rn. 6; Beschluss vom 15. Mai 2012 - V ZB 282/11, NJW-RR 2012, 1103 Rn. 7).

2. Daran gemessen ist es zunächst nicht zu beanstanden, dass die von den Klägern auf die Rückstände gezahlten Zinsen in Höhe von 1.676,45 € in der Gesamtabrechnung als "Gemeinschaftserträge" verbucht und in den Einzelabrechnungen anteilig ausgekehrt wurden. Denn Rechtsfrüchte des Verwaltungsvermögens und damit auch Zinserträge auf Hausgeldrückstände gehören zu den Nutzungen des gemeinschaftlichen Eigentums im Sinne von § 16 Abs. 1 WEG und stehen den Wohnungseigentümern gemeinschaftlich zu. Solche Erträge können - sofern sie nicht zur Deckung der Kosten und Lasten verwendet werden sollen - an die Wohnungseigentümer ausgekehrt werden; dazu bedarf es einer Beschlussfassung (vgl. Senat, Urteil vom 1. Juni 2012 - V ZR 171/11, ZWE 2012, 373 Rn. 16), die hier mit

der Genehmigung der Jahresabrechnung und der Einzelabrechnungen - die die anteilige Auskehrung vorsehen - erfolgt ist. Entgegen der Auffassung der Kläger ist insoweit durch die weitere Bezeichnung "Zinsen aus Rechtsstreit" eine hinreichende Information der Wohnungseigentümer erfolgt.

3. Auch die im Dezember 2010 eingegangene Nachzahlung auf das Hausgeld ist richtig dargestellt.

a) Weil die Jahresabrechnung als reine Einnahmen- und Ausgabenrechnung zu führen ist, stellt auch eine Nachzahlung auf Rückstände aus Vorjahren - im Gegensatz zu offenen Forderungen - in der Gesamtabrechnung eine Einnahme der Wohnungseigentümergemeinschaft aus Hausgeldzahlung dar, und zwar unabhängig von der Frage der Anrechnung (§ 366 BGB). Da in der Einzelabrechnung des säumigen Wohnungseigentümers rechnerisch ein Guthaben entsteht, kann sowohl die Einzel- als auch die Gesamtabrechnung den buchhalterischen Stand des Hausgeldkontos unter Einbeziehung der Rückstände aus den Vorjahren informatorisch aufzeigen (BayObLG, ZWE 2002, 577, 580; ZWE 2004, 372, 373; Müller, Praktische Fragen des Wohnungseigentums, 5. Aufl., 9. Teil Rn. 247). Ein solcher Nachweis von Buchhaltungskonten ist jedoch weder Bestandteil der Jahresabrechnung noch des Genehmigungsbeschlusses; die daraus ersichtlichen Informationen können lediglich Indizien gegen die Schlüssigkeit der Abrechnung liefern (Jennißen in Jennißen, WEG, 3. Aufl., § 28 Rn. 126a ff.).

b) Im Kern wollen die Kläger hinsichtlich der Gesamtabrechnung eine nähere Aufschlüsselung der Hausgeldzahlungen erreichen, aus der die Abrechnungszeiträume hervorgehen, für die sie geschuldet waren. Eine solche Aufschlüsselung ist jedoch wegen des Charakters der Jahresabrechnung als reiner Einnahmen- und Ausgabenrechnung nicht zwingend erforderlich (vgl. Wanderer in Bärmann/Seuß, Praxis des Wohnungseigentums, 5. Aufl., Teil C Rn. 1616, 1628; aA BeckOK-WEG/Batschari, Edition 16, § 28 Rn. 66). Die Gesamtabrechnung wird durch die von den Klägern gewünschten Angaben auch nicht unbedingt übersichtlicher bzw. verständlicher. Denn dass Zahlungen nicht in dem Abrechnungszeitraum geleistet werden, für den sie geschuldet sind, kann vielfältige Gründe haben. Wird beispielsweise das im Dezember fällige Hausgeld erst im Januar des Folgejahres beglichen, ist es erst in dem Folgejahr als Einnahme aufzuführen, obwohl es auf das Vorjahr entfällt; wird umgekehrt eine im Januar des Folgejahres fällige Zahlung schon im vorangehenden Dezember geleistet, erhöht sie die Einnahmen des Vorjahres (vgl. Becker in Bärmann, WEG, 12. Aufl., § 28 Rn. 115 mwN; Niedenführ in Niedenführ/ Kümmel/Vandenhouten, WEG, 10. Aufl., § 28 Rn. 100). Abrechnungsspitzen aus dem Vorjahr werden ebenfalls erst mit dem Beschluss über die Jahresabrechnung fällig und sind bei Zahlung im Folgejahr als Einnahme zu verbuchen. Die Gesamtabrechnung kann die Einnahmen dahingehend aufschlüsseln; rechtlich zwingend sind solche Angaben indes nicht.

c) Die Ausführungen in der Revisionsbegründung, wonach die Abrechnung widersprüchlich sei, weil in der zusammengefassten Abrechnung unter "Hausgeldzahlungen" eine Summe von 93.643,28 €, in dem Nachweis der Hausgeldkonten dagegen eine Summe von 77.051,98 € unter Hausgeldzahlungen genannt werde, verhilft dem

Rechtsmittel nicht zum Erfolg. Der Nachweis der Hausgeldkonten ist - wie ausgeführt - weder Bestandteil der Jahresabrechnung noch des Genehmigungsbeschlusses. Dass sich die im Jahr 2010 gezahl-10 ten Hausgelder nicht auf den in der Abrechnung genannten Betrag von 93.643,28 € beliefen, behaupten die Kläger jedoch nicht. Auch zeigen sie - wie die Beklagten zutreffend erwidern - nicht auf, dass sie ihre Klage innerhalb der Begründungsfrist des § 46 Abs. 1 Satz 2 WEG auf diesen Aspekt gestützt haben; nach den getroffenen Feststellungen haben sie sich in erster Instanz lediglich gegen die fehlende Aufschlüsselung der Summe von 93.643,28 € gewendet, nicht aber gegen deren inhaltliche Richtigkeit.

4. Ohne Erfolg wenden sich die Kläger schließlich gegen die Ausweisung eines Guthabens in der Gesamtabrechnung und gegen die Einzelabrechnungen der übrigen Wohnungseigentümer, weil sie meinen, das Guthaben müsse an alle Wohnungseigentümer ausgekehrt werden.

a) Das Guthaben von 27.108,14 € ist zunächst nur ein rechnerisches Ergebnis der Gesamtabrechnung, das schon dadurch entstehen kann, dass bestehende Verbindlichkeiten erst im Folgejahr beglichen werden sollen. Ein solches Guthaben als Ergebnis der Gesamtabrechnung begründet keinen Anspruch der einzelnen Wohnungseigentümer auf Auskehrung. Auch aus § 12 Abs. 2 der Gemeinschaftsordnung ergibt sich das nicht; die dort vorgesehene Auskehrung von Guthaben setzt nämlich - wie das Berufungsgericht zutreffend ausführt - voraus, dass die Einzelabrechnungen ein Guthaben ergeben.

b) Allerdings kann durch die Zahlung der Kläger auf die Rückstände ein Guthaben entstanden sein, das nicht zur Deckung der laufenden Kosten erforderlich ist. Denn die in früheren Abrechnungszeiträumen entstandenen Hausgeldrückstände müssen in der Vergangenheit durch erhöhte Beiträge der übrigen Wohnungseigentümer ausgeglichen worden sein, weil die laufenden Kosten gedeckt werden mussten (zu den Auswirkungen auf den Wirtschaftsplan vgl. Senat, Urteil vom 7. Juni 2013 - V ZR 211/12, WuM 2013, 566 Rn. 15). 12 Folglich sind die übrigen Wohnungseigentümer in Vorleistung getreten, während bei dem säumigen Wohnungseigentümer - hier dem Rechtsvorgänger der Kläger - Verbindlichkeiten gegenüber der Wohnungseigentümergemeinschaft entstanden; diese Verbindlichkeiten wurden nun in einem späteren Abrechnungszeitraum getilgt.

c) Selbst wenn der Betrag von 27.108,14 € aus diesem Grund teilweise nicht zur laufenden Deckung der Kosten benötigt werden sollte, begründet die Gesamtabrechnung keinen Anspruch auf Auskehrung des Guthabens. Das Guthaben kann - wie sonstige Einnahmen der Wohnungseigentümergemeinschaft - der Instandhaltungsrücklage zugeführt, zur Deckung der laufenden Kosten verwendet oder an die Wohnungseigentümer ausgekehrt werden (Senat, Urteil vom 1. Juni 2012 - V ZR 171/11, ZWE 2012, 373 Rn. 16; vgl. auch Riecke/Schmidt/Abramenko, WEG, 3. Aufl., § 28 Rn. 78). Insoweit hat das Berufungsgericht zu Recht angenommen, dass der Beschluss über die Jahresabrechnung und die Einzelabrechnungen zugleich die Entscheidung beinhaltet, dass das Guthaben jedenfalls vorerst nicht ausgekehrt, sondern auf den Konten der Wohnungseigentümergemeinschaft verbleiben soll. Eine

Beschlussfassung über die Auskehrung des Guthabens oder dessen weitere Verwendung - die die Kläger zunächst herbeiführen müssten - ist nicht Gegenstand des Verfahrens.

d) Schließlich ist es auch nicht - wie die Revision meint - Aufgabe der Gesamtabrechnung, aufzuzeigen, ob die in dem Jahr 2010 entstandenen Kosten durch die laufenden Hausgeldzahlungen des Jahres 2010 gedeckt werden; ein Vermögensstatus ist weder Gegenstand der Jahresabrechnung noch des Genehmigungsbeschlusses (Jennißen in Jennißen, WEG, 3. Aufl., § 28 Rn. 126a ff.). Für eine laufende Kostendeckung sorgt vornehmlich der Wirtschaftsplan. In diesem müssen Hausgeldzahlungen festgelegt werden, die es 15 der Verwaltung ermöglichen, die voraussichtlich entstehenden Kosten zu begleichen.

5. Nach alledem sind auch Nichtigkeitsgründe nicht ersichtlich.

III.
Die Kostenentscheidung beruht auf § 97 Abs. 1 ZPO.
Stresemann Roth Brückner Weinland Kazele Vorinstanzen:
AG Charlottenburg, Entscheidung vom 17.11.2011 - 74 C 77/11 -
LG Berlin, Entscheidung vom 17.10.2012 - 85 S 244/11 WEG - 17

BGH, Urteil vom 06.12.2013, V ZR 85/13

(Stimmverbot bei Rechtsstreit gegen Wohnungseigentümergemeinschaft)

Tenor

Die Revision gegen das Urteil des Landgerichts Frankfurt am Main - 13. Zivilkammer - vom 27. Februar 2013 wird auf Kosten der Kläger zurückgewiesen.

Von Rechts wegen.

Tatbestand

Die Parteien bildeten eine Wohnungseigentümergemeinschaft, die der Kläger zu 2 in einem Rechtsstreit auf Zahlung von 30.067,52 € in Anspruch nahm. In der Eigentümerversammlung vom 26. März 2008 wurde unter TOP 6 erörtert, wie von Seiten der Eigentümergemeinschaft auf die Klage zu reagieren sei. Die Wohnungseigentümer beschlossen, den Kläger zu 2 "von dem Stimmrecht auszuschließen". Weiter beschlossen sie, sich gegen die Klage zu verteidigen und zur Durchsetzung ihrer Interessen einen Rechtsanwalt zu beauftragen. Zudem wurde die Hausverwaltung beauftragt, dem Rechtsanwalt eine übliche Prozessvollmacht zu erteilen.

Die Klägerin zu 1, die zugleich als Vertreterin des Klägers zu 2 auftrat, stimmte jeweils mit nein. Die Nein-Stimme des Klägers zu 2 wurde im Hinblick auf den Stimmrechtsausschluss nicht gewertet.

Die Kläger wollen den unter TOP 6 gefassten Beschluss für ungültig erklären und das Abstimmungsergebnis mit zwei Ja- und zwei Nein-Stimmen feststellen lassen. Das Amtsgericht hat die Klage abgewiesen und das Landgericht die Berufung zurückgewiesen. Mit der zugelassenen Revision, deren Zurückweisung die Beklagten beantragen, verfolgen die Kläger ihr Klageziel weiter.

Gründe

I.

Das Berufungsgericht meint, der Kläger sei in entsprechender Anwendung des § 25 Abs. 5 WEG von der Ausübung seines Stimmrechts ausgeschlossen gewesen. Die Vorschrift erfasse den vorliegenden Fall unmittelbar nicht. Allerdings liege eine regelungsbedürftige Lücke vor. Vor Anerkennung der Wohnungseigentümergemeinschaft als Verband habe es einer Regelung für eine Interessenkollision auf Seiten der beklagten Partei nicht bedurft. Da die Miteigentümer als einzelne Personen verklagt worden seien, sei es dem klagenden Eigentümer nicht möglich gewesen, auf deren Prozessführung Einfluss zu nehmen. Das habe sich nunmehr geändert. Bei der Mitwirkung eines gegen den Verband klagenden Mitglieds an der auf das Verfahren bezogenen Willensbildung bestehe die naheliegende Gefahr, dass eine sachgerechte Klärung des Streits erschwert oder gar verhindert werde.

In derartigen Fällen sei kein wesentlicher Unterschied zu den in § 25 Abs. 5 WEG geregelten Fällen erkennbar, so dass die Vorschrift entsprechend angewendet werden müsse. 2 II.

Diese Ausführungen halten einer rechtlichen Überprüfung stand.

Der Beschluss vom 26. März 2008 ist zu TOP 6 mit dem vom Versammlungsleiter festgestellten und verkündeten Beschlussergebnis gefasst worden. Für den Antrag, sich gegen die Klage zu verteidigen und einen Rechtsanwalt zu bestellen, fand sich die nach § 21 Abs. 3 WEG erforderliche Mehrheit, weil der Kläger entsprechend § 25 Abs. 5 WEG von der Abstimmung ausgeschlossen war.

1. Das Berufungsgericht geht zunächst rechtsfehlerfrei davon aus, dass § 25 Abs. 5 WEG eine ausfüllungsbedürftige Lücke insoweit enthält, als der Fall eines Rechtsstreits zwischen der Wohnungseigentümergemeinschaft und einem Wohnungseigentümer nicht genannt wird.

a) Nach § 25 Abs. 5 WEG ist ein Wohnungseigentümer u.a. dann nicht stimmberechtigt, wenn die Beschlussfassung die Einleitung oder Erledigung eines Rechtsstreits der anderen Wohnungseigentümer gegen ihn betrifft. Die Vorschrift berücksichtigt nicht, dass auch die Wohnungseigentümergemeinschaft als Verband nach § 10 Abs. 6 WEG rechtsfähig ist und es damit - wie hier - zu Rechtsstreitigkeiten zwischen der Gemeinschaft der Wohnungseigentümer und einzelnen Wohnungseigentümern kommen kann. Hierbei handelt es sich um eine planwidrige Regelungslücke. Die Vorschrift des § 25 Abs. 5 WEG, die seit Inkrafttreten des Wohnungseigentumsgesetzes vom 15. März 1951 unverändert geblieben ist, ist nach der Anerkennung der (Teil-)Rechtsfähigkeit der Wohnungseigentümergemeinschaft (Senat,

Beschluss vom 2. Juni 2005 - V ZB 32/05, BGHZ 163, 154) und ihrer Normierung durch das Gesetz zur Änderung des Wohnungseigentumsgesetzes und anderer Gesetze vom 23. März 2007 (BGBl. I 2007, 370) nicht an die neue Rechtslage angepasst worden. Dies 5 stellt jedoch keine bewusste gesetzgeberische Entscheidung dahingehend dar, dass § 25 Abs. 5 WEG bei einem Rechtsstreit zwischen der Gemeinschaft und einzelnen Wohnungseigentümern nicht zur Anwendung kommen soll. Der Gesetzesbegründung (BT-Drucks. 16/3843, S. 24 ff.) lässt sich diesbezüglich nichts entnehmen. Vielmehr deutet alles darauf hin, dass die Aufnahme dieses Tatbestandes in § 25 Abs. 5 WEG versehentlich unterblieben ist.

b) Die dadurch entstandene Lücke ist durch eine entsprechende Anwendung von § 25 Abs. 5 WEG zu schließen.

Das Stimmrecht der Wohnungseigentümer gehört allerdings zu dem Kernbereich elementarer Mitgliedschaftsrechte (Senat, Urteil vom 10. Dezember 2010 - V ZR 60/10, NJW 2011, 679 Rn. 10). Da es ein wesentliches Mittel zur Mitgestaltung der Gemeinschaftsangelegenheiten bildet, darf es nur ausnahmsweise und lediglich unter eng begrenzten Voraussetzungen eingeschränkt werden (Senat, Beschluss vom 19. September 2002 - V ZB 30/02, BGHZ 152, 46, 57 mwN). § 25 Abs. 5 WEG sieht als Sondervorschrift zu § 181 BGB (OLG Karlsruhe, ZMR 1977, 343; Spielbauer/Then, WEG, 2. Aufl., § 25 Rn. 26; Pauly, ZMR 2013, 13) kein allgemeines Stimmverbot bei jedweden Interessenkollisionen vor (BayObLG, ZMR 2005, 561, 562; Elzer in Jennißen, WEG, 3. Aufl., § 25 Rn. 86; jurisPK-BGB/Reichel-Scherer, 6. Aufl., § 25 Rn. 97; Staudinger/Bub, BGB, [2005], § 25 WEG Rn. 266; Vandenhouten in

Köhler, Anwaltshandbuch Wohnungseigentumsrecht, 3. Aufl., Teil 4 Rn. 183; Gottschalg, NZM 2012, 271, 272), sondern beschränkt den Ausschluss des Stimmrechts auf bestimmte, besonders schwerwiegende Fälle. Das schließt aber nicht aus, die Norm in Fällen, in denen sich der Wohnungseigentümer einem Interessenkonflikt ausgesetzt sieht, der in seinem Ausmaß mit den gesetzlich festgelegten Tatbeständen identisch ist, entsprechend anzuwenden (vgl. zu § 47 Abs. 4 GmbH: BGH, Urteil vom 20. Januar 1986 - II ZR 73/85, BGHZ 97, 9 28, 33; Urteil vom 10. Februar 1977 - II ZR 81/76, BGHZ 68, 107, 109; Hillmann in Henssler/Strohn, Gesellschaftsrecht, 2. Aufl., § 47 GmbHG Rn. 50 mwN). So liegt der Fall hier.

Zweck des in § 25 Abs. 5 WEG geregelten Stimmverbots ist es, zu verhindern, dass der Prozessgegner auf das Ob und Wie einer gegen ihn gerichteten Prozessführung Einfluss nehmen kann (vgl. Senat, Urteil vom 14. Oktober 2011 - V ZR 56/11, BGHZ 191, 198 Rn. 11 mwN). Bei einer Mitwirkung des beklagten Wohnungseigentümers an der auf das Verfahren bezogenen Willensbildung auch auf Klägerseite bestünde die naheliegende Gefahr, dass eine sachgerechte Klärung der zur gerichtlichen Überprüfung gestellten Streitgegenstände erschwert oder gar verhindert würde, sei es, dass schon keine Klage erhoben würde, sei es, dass sachgerechte Anträge nicht gestellt würden oder der Rechtsstreit in sonstiger Weise nicht mit dem nötigen Nachdruck betrieben würde. Daher scheidet eine Beteiligung an der Abstimmung über alle Beschlussgegenstände aus, die verfahrensbezogene Maßnahmen betreffen, worunter insbesondere Beschlüsse über die Einleitung des Rechtsstreits, die Art und Weise der Prozessführung und die Frage der verfahrensrechtlichen

Beendigung fallen (Senat, Urteil vom 14. Oktober 2011 - V ZR 56/11, aaO Rn. 11 mwN). Dieselbe Gefahr besteht, wenn sich in einem Rechtsstreit die Gemeinschaft und ein Wohnungseigentümer gegenüber stehen. Ein sachgerechter Grund, diesen Fall anders zu behandeln, als jenen, in dem die anderen Wohnungseigentümer Klage gegen einen Wohnungseigentümer erheben wollen, ist nicht ersichtlich.

2. Das Berufungsgericht geht weiterhin rechtsfehlerfrei davon aus, dass auch ein Wohnungseigentümer, der als Kläger einen Rechtsstreit gegen die Eigentümergemeinschaft führt, einem Stimmverbot unterliegt, wenn es um die 11 Willensbildung der Gemeinschaft über die zu ergreifenden verfahrensrechtlichen Maßnahmen geht.

a) Der Wortlaut des § 25 Abs. 5 Alt. 2 WEG deutet auf den ersten Blick zwar darauf hin, dass sich der von dem Stimmverbot betroffene Wohnungseigentümer in der Rolle des Beklagten oder des Antragsgegners befinden muss (vgl. Bärmann/Seuß, Praxis des Wohnungseigentums, 6. Aufl., Rn. 772). Mit der redaktionellen Fassung der Vorschrift ist aber keine entsprechende Beschränkung des Anwendungsbereichs des Stimmverbots beabsichtigt gewesen (vgl. MünchKomm-BGB/Reuter, 6. Aufl., § 34 Rn. 13 zu vergleichbaren Formulierungen in § 136 Abs. 1 Satz 1 AktG, § 47 Abs. 4 Satz 2 GmbHG, § 43 Abs. 6 GenG).

Dies belegen sowohl historische als auch systematische Gesichtspunkte. Weitnauer, der maßgebend an der Entstehung des Wohnungseigentumsgesetzes beteiligt war, hebt in der 1951 erschienenen Kommentierung hervor, dass § 25 Abs. 5 WEG dem § 34 BGB nachgebildet ist (Weitnauer/Wirths, WEG, 1. Aufl. 1951, §

25 Rn. 7). Nach § 34 BGB ist ein Vereinsmitglied u.a. vom Stimmrecht ausgeschlossen, wenn die Beschlussfassung "die Einleitung oder Erledigung eines Rechtsstreits zwischen ihm und dem Verein" betrifft. Zwar enthält § 25 Abs. 5 Alt. 2 WEG eine hiervon abweichende Formulierung. Daraus ergibt sich aber nicht zwingend ein sachlicher Unterschied. Die Abwehr von Ansprüchen eines Wohnungseigentümers gegen die Eigentümergemeinschaft ist durchaus von dem in § 25 Abs. 5 Alt. 2 WEG verwandten Begriff der Erledigung des Rechtsstreits umfasst, wenn die nachfolgende Formulierung "gegen ihn" dahingehend verstanden wird, dass sich die Eigentümergemeinschaft und der Wohnungseigentümer als Parteien gegenüberstehen müssen. Ähnliches wird für die vergleichbar gefassten gesellschaftsrechtlichen Stimmverbote in § 136 Abs. 1 Satz 1 AktG (Grigoleit/Herrler, AktG, 2013, § 136 Rn. 9; Grundmann in 13 Großkomm AktG, 4. Aufl., § 136 Rn. 37; Hölters/Hirschmann, AktG, 2011, § 136 Rn. 19; Spindler in K. Schmidt/Lutter, AktG, 2. Aufl., § 136 Rn. 28), § 47 Abs. 4 Satz 2 GmbHG (MünchKomm-GmbHG, 2012, § 136 Rn. 185; Scholz/K. Schmidt, GmbHG, 11. Aufl., § 47 Rn. 126) und § 43 Abs. 6 GenG (Müller, GenG, 2. Aufl., § 43 Rn. 64) vertreten.

Für eine weite Interpretation des Wortlauts sprechen auch teleologische Gesichtspunkte. Die Gefahr, dass der mit der Wohnungseigentümergemeinschaft streitende Wohnungseigentümer auf das Ob und Wie der Prozessführung der Gemeinschaft Einfluss nimmt, besteht unabhängig von der Verteilung der Parteirollen. Wird die Gemeinschaft verklagt, ist der Verwalter nach § 27 Abs. 3 Nr. 2 WEG zwar berechtigt, im Namen der Gemeinschaft der Wohnungseigentümer und mit Wirkung für und gegen sie Maßnahmen zu treffen, die zur Wahrung einer Frist oder zur Abwendung eines sonstigen Rechtsnachteils erforderlich sind, insbesondere einen gegen die Gemeinschaft gerichteten Rechtsstreit gemäß § 43 Nr. 5 WEG im Erkenntnis- und Vollstreckungsverfahren zu führen. Die Wahrnehmung der Interessen der Wohnungseigentümergemeinschaft in einem gegen diese gerichteten Verfahren gehört zur ordnungsgemäßen Erfüllung der Aufgaben des Verwalters, zu der er nicht nur berechtigt, sondern auch verpflichtet ist (BGH, Beschluss vom 22. September 2011 - I ZB 61/10, NJW-RR 2012, 460 Rn. 22). Im Innenverhältnis nehmen die in § 427 WEG geregelten Befugnisse des Verwalters den Wohnungseigentümern jedoch nicht ihre Entscheidungsmacht und ihre gemeinschaftliche Geschäftsführungsbefugnis (Senat, Urteil vom 5. Juli 2013 - V ZR 241/12, NJW 2013, 3098, Rn. 15).

Könnte der gegen die Gemeinschaft klagende Wohnungseigentümer an der auf das Verfahren bezogenen Willensbildung der Gemeinschaft mitwirken, bestünde daher - wie der vorliegende Fall anschaulich belegt - die Gefahr, dass 15 sachgerechte, auf die Verteidigung gegen den geltend gemachten Anspruch bezogene Schritte unterbleiben und die Gemeinschaft hierdurch einen Schaden erleidet. Die Gefahr einer nicht an der ordnungsgemäßen Verwaltung, sondern an privaten Sonderinteressen orientierten Einflussnahme auf den Willensbildungsprozess der Gemeinschaft ist so groß, dass die Annahme eines lediglich beweglichen Stimmverbots im Falle eines im konkreten Einzelfall festzustellenden Rechtsmissbrauchs (vgl. dazu Senat, Beschluss vom 19. September 2002 - V ZB 30/02, BGHZ 152, 46, 60 ff.; Kümmel in Niedenführ/ Kümmel/Vandenhouten, WEG, 10. Aufl., § 25 Rn. 46; Merle in Bärmann, WEG, 12. Aufl., § 25 Rn. 128) nicht ausreichend ist, um dieser effektiv zu begegnen.

b) Selbst wenn man annähme, dass der Wortlaut des § 25 Abs. 5 Alt. 2 WEG nur den Aktivprozess der Gemeinschaft bzw. der übrigen Wohnungseigentümer gegen einen einzelnen Wohnungseigentümer erfasst, ergäbe sich kein anderes Ergebnis. Die Vorschrift wäre dann aufgrund der identischen Interessenlage auf einen Passivprozess analog anzuwenden (vgl. zu § 136 Abs. 1 Satz 1 AktG: Holzborn in Bürgers/Körber, AktG, 3. Aufl., § 136 Rn. 7; Münch-Komm-AktG/Schröer, 2013, § 136 Rn. 14; Spindler/Stilz/Rieckers, AktG, 2. Aufl., § 136 Rn. 13; Zöllner, Die Schranken mitgliedschaftlicher Stimmrechtsmacht bei den privatrechtlichen Personenverbänden, 1963, S. 217).

3. Das Berufungsgericht ist schließlich rechtsfehlerfrei davon ausgegangen, dass bei Vorliegen eines Stimmverbots für den Kläger zu 2 die Klägerin zu 1 von der ihr erteilten Vollmacht keinen Gebrauch machen konnte. Liegen die Voraussetzungen eines Stimmverbots vor, so kann der betroffene Wohnungseigentümer auch keine andere Person zur Ausübung seines Stimmrechts bevollmächtigen, da er keine Rechtsmacht zur Ausübung übertragen kann, die ihm selbst nicht zusteht (OLG Frankfurt am Main, OLGZ 1983, 175 f.; Merle in Bärmann, WEG, 12. Aufl, § 25 Rn. 151; Vandenhouten in Köhler, Anwalts-17 Handbuch Wohnungseigentumsrecht, 3. Aufl., Teil 4 Rn. 194; Deckert, ZMR 2003, 153, 155).

III.

Die Entscheidung über die Kosten des Revisionsverfahrens folgt aus § 97 Abs. 1 ZPO.

Stresemann Czub Brückner Weinland Kazele Vorinstanzen:

AG Rüsselsheim, Entscheidung vom 10.09.2008 - 3 C 386/08 (31) -
LG Frankfurt am Main, Entscheidung vom 27.02.2013 - 2-13 S 61/08 -

BGH, Urteil vom 07.20.15, V ZR 25/13

(Eigenmächtig angebrachte Terrassenüberdachung)

Tenor

Auf die Revision der Beklagten wird das Urteil des Landgerichts Hamburg - Zivilkammer 18 - vom 16. Januar 2013 unter Zurückweisung des Rechtsmittels im Übrigen im Kostenpunkt und insoweit aufgehoben, als festgestellt worden ist, dass die Beklagte verpflichtet ist, mögliche Schäden an der Außenwand des Hauses des Klägers B. Straße in H. , die durch das Anbringen der Terrassenüberdachung entstanden sind und durch die erfolgte Entfernung der Terrassenüberdachung noch entstehen, zu beseitigen.

Im Umfang der Aufhebung wird die Berufung des Klägers gegen das Urteil des Amtsgerichts Hamburg-Wandsbek vom 15. Februar 2012 zurückgewiesen.

Die Kosten des Rechtsstreits tragen die Beklagte zu 80 % und der Kläger zu 20 %.

Von Rechts wegen.

Tatbestand

Den Parteien steht jeweils das Sondereigentum an den Räumen eines Reihenhauses in einer Wohnungseigentumsanlage zu. Anfang 2008 errichtete die Beklagte direkt an der zur benachbarten Einheit des Klägers hin gelegenen Außenwand, die nach vorne versetzt ist, eine Überdachung ihrer Terrasse. Auf der Eigentümerversammlung vom 10. März 2008, in der alle Wohnungseigentümer vertreten waren, war diese Baumaßnahme Diskussionsgegenstand. In dem Protokoll heißt es zu TOP 10 "Diskussion über den Inhalt der Teilungserklärung" unter anderem:

"Zu der Terrassenüberdachung erläutert (...) [die Beklagte] ausführlich. Es wird darauf hingewiesen, dass alle anderen anwesenden Eigentümer sich einig sind, dass Reparaturmaßnahmen oder Instandhaltungsmaßnahmen nur durchgeführt werden können, wenn keine optische Veränderung vorgenommen wird. Änderungen am Äußeren der Gebäude sind zustimmungspflichtig. (...) Weiterhin sind in diesem genannten Bereich Probleme der äußeren Instandhaltung zu erwarten, da ja die linken und rechten Eigentümer zur Umsetzung von Instandhaltungs- und Instandsetzungsmaßnahmen an den äußeren Wänden ihres Wohnungseigentums durch den Aufbau dieser Überdachung eine Einschränkung sehen.

Die betroffenen Eigentümer sind sich einig, dass über die Möglichkeiten der ordentlichen Instandsetzung und Instandhaltung der äußeren Wände es zwischen den Betroffenen eine schriftliche Vereinbarung geben wird. Nur unter dieser Voraussetzung haben die übrigen Eigentümer dem Umbau zugestimmt, den (...) [die Beklagte] veranlasst hat."

Eine solche schriftliche Vereinbarung zwischen den Parteien kam nicht zustande. Mit der Klage verlangt der Kläger die Entfernung der Terrassenüberdachung sowie die Feststellung, dass die Beklagte verpflichtet ist, "mögliche Schäden an der Außenwand des Hauses des Klägers (...), die durch das Anbringen der Terrassenüberdachung entstanden sind und durch die erfolgte Entfernung der Terrassenüberdachung noch entstehen, zu beseitigen". Das Amtsgericht hat die Klage abgewiesen. Das Landgericht hat ihr auf die Berufung des Klägers hin stattgegeben. Dagegen wendet sich die Beklagte mit der zugelassenen Revision, mit der sie die Zurückweisung der Berufung erreichen will. Der Kläger beantragt die Zurückweisung des Rechtsmittels.

Gründe

I.

Das Berufungsgericht, dessen Urteil unter anderem in ZWE 2013, 418 ff. veröffentlicht ist, sieht die Terrassenüberdachung als bauliche Veränderung im Sinne von § 22 Abs. 1 WEG an. Es lässt offen, ob der Kläger - wie es das Amtsgericht angenommen hat - die auf eine schriftliche Vereinbarung über die Instandsetzung und Instandhaltung der Außenwände bezogenen Angebote der Beklagten im Sinne von § 162 Abs. 1 BGB treuwidrig abgelehnt hat. Eine formlose

Zustimmung der Wohnungseigentümer reiche ohnehin nicht aus, weil nach der seit dem 1. Juli 2007 geltenden Neufassung des § 22 Abs. 1 WEG ein förmlicher Beschluss zwingend erforderlich sei. Die Auslegung des Protokolls der Eigentümerversammlung vom 10. März 2008 ergebe, dass eine solche Beschlussfassung über die nachträgliche Genehmigung der Maßnahme nicht erfolgt sei; ebenso wenig sei eine Vereinbarung im Sinne von § 10 Abs. 2 WEG getroffen worden. Dass die Maßnahme für den Kläger im Sinne von § 14 Nr. 1 WEG nachteilig sei, folge schon daraus, dass die Außenwände im gemeinschaftlichen Eigentum stünden und mangels einer abweichenden Bestimmung in der Teilungserklärung durch die Gemeinschaft instandzuhalten seien. Die Überdachung erschwere etwaige Sanierungsarbeiten an den Außenwänden auch dann, wenn die auf dem Ständerwerk aufliegende Konstruktion entfernt werde. Der Feststellungsantrag sei ebenfalls begründet, weil die Beklagte ge-3 genüber dem Kläger gemäß § 823 Abs. 1, § 249 Abs. 1 BGB verpflichtet sei, mögliche Schäden an der Außenwand seines Hauses zu beseitigen.

II.

Diese Ausführungen halten rechtlicher Nachprüfung nur teilweise stand.

1. Im Hinblick auf den Klageantrag zu Ziff. 1 nimmt das Berufungsgericht ohne Rechtsfehler an, dass der Kläger die Beseitigung der Terrassenüberdachung gemäß § 1004 Abs. 1 BGB verlangen kann, weil ihn keine Duldungspflicht gemäß § 1004 Abs. 2 BGB trifft.

a) Entgegen der in der mündlichen Verhandlung vor dem Senat geäußerten Auffassung des Prozessbevollmächtigten der Beklagten ist der Kläger aktivlegitimiert. Auch wenn sich ein Unterlassungsanspruch gemäß § 1004 Abs. 1 BGB auf die Nutzung des gemeinschaftlichen Eigentums bezieht, kann ihn ein einzelner Miteigentümer ohne Vorbefassung der Eigentümerversammlung gerichtlich geltend machen. Eine gemeinschaftliche Rechtsverfolgung kommt nur dann in Betracht, wenn die Gemeinschaft - woran es hier fehlt - die Rechtsausübung durch Vereinbarung oder Mehrheitsbeschluss an sich gezogen hat. Denn insoweit besteht lediglich eine gekorene Ausübungsbefugnis des Verbandes im Sinne von § 10 Abs. 6 Satz 3 Halbsatz 2 WEG (st. Rspr.; näher Senat, Urteil vom 17. Dezember 2010 - V ZB 125/10, NJW 2011, 1351 Rn. 9 f.).

b) Zutreffend sieht das Berufungsgericht den Bau der Terrassenüberdachung als Maßnahme nach § 22 Abs. 1 WEG an. Daran, dass die bauliche Maßnahme - wie es § 22 Abs. 1 WEG voraussetzt (Hogenschurz in Jennißen, WEG, 3. Aufl., § 22 Rn. 2) - das gemeinschaftliche Eigentum betrifft, besteht kein Zweifel, weil die Außenwände der Reihenhäuser gemäß § 5 Abs. 1 WEG 4 zwingend im gemeinschaftlichen Eigentum stehen. Entgegen der Auffassung der Revision führt der Umstand, dass die Beklagte nach der mündlichen Verhandlung vor dem Berufungsgericht einen an der Außenwand befestigten Balken entfernt haben soll, zu keiner anderen Beurteilung. Denn selbst wenn das Ständerwerk im Übrigen auf einer Fläche errichtet worden sein sollte, für die der Beklagten ein Sondernutzungsrecht eingeräumt ist, unterfiele die Maßnahme § 22 Abs. 1 WEG. Eine nach dieser Norm erforderliche Zustimmung ist in der Zuweisung des Sondernutzungsrechts nur enthalten, soweit bauliche Veränderungen Eingang in die Beschreibung des Sondernutzungsrechts gefunden haben oder wenn sie nach dem Inhalt des jeweiligen Sondernutzungsrechts üblicherweise vorgenommen werden und der Wohnungseigentumsanlage dadurch kein anderes Gepräge verleihen (näher Senat, Urteile vom 2. Dezember 2011 - V ZR 74/11, NJW 2012, 676Rn. 8 und vom 22. Juni 2012 - V ZR 73/11, ZWE 2012, 377). Die Errichtung einer Terrassenüberdachung überschreitet die übliche Nutzung einer Gartenfläche und ist von dem Sondernutzungsrecht ohne eine ausdrückliche Regelung nicht umfasst.

c) Rechtsfehlerfrei ist auch die Annahme, dass in der Eigentümerversammlung vom 10. März 2008 kein Beschluss über eine Genehmigung gefasst worden ist. Der einschlägige Tagesordnungspunkt ist lediglich mit "Diskussion" und nicht mit Beschlussfassung bezeichnet; auch ist kein Beschlussantrag gestellt worden. Schließlich ist die - hier unterbliebene - Feststellung und Verkündung des Abstimmungsergebnisses im Regelfall notwendige Wirksamkeitsvoraussetzung eines Beschlusses (Senat, Beschluss vom 23. August 2001 - V ZB 10/01, BGHZ 148, 335, 341 f.). Auch den Abschluss einer Vereinbarung gemäß § 10 Abs. 2 Satz 2 WEG über die Genehmigung der baulichen Maßnahme verneint das Berufungsgericht nachvollziehbar und von der Revision unbeanstandet. 8 d) Ob § 22 Abs. 1 WEG in der seit dem 1. Juli 2007 geltenden Fassung die Entscheidung durch förmlichen Beschluss zwingend vorschreibt oder ob - wie nach der zuvor geltenden Fassung der Norm - weiterhin eine formlose Zustimmung derjenigen Wohnungseigentümer ausreicht, deren Zustimmung gemäß § 22 Abs. 1 i.V.m. § 14 Nr. 1 WEG erforderlich ist, ist umstritten. Dies betrifft vor allem Fallkonstellationen, in denen ein Wohnungseigentümer erreichen will, dass ihm gestattet wird, im Eigeninteresse auf seine Kosten bauliche Veränderungen vorzunehmen, oder dass solche Veränderungen - wie hier - nach eigenmächtiger Vornahme nachträglich genehmigt werden. Teilweise wird vertreten, die Neufassung habe nur der Klarstellung dienen sollen; die bisherige Rechtslage gelte der Sache nach unverändert fort (MünchKomm-BGB/Engelhardt, 6. Aufl., § 22 WEG Rn. 6; Erman/Grziwotz, BGB, 13. Aufl., § 22 Rn. 3; Hogenschurz in Jennißen, WEG, 3. Aufl., § 22 Rn. 13 f.; Müller in Lemke, Immobilienrecht, § 22 WEG Rn. 2; Greiner, Wohnungseigentumsrecht, 2. Aufl., Rn. 429; Armbrüster, ZWE 2008, 61, 64 f.; Häublein, NZM 2007, 752, 754; Schmidt, ZWE 2013, 399, 400 f.). Nach anderer Ansicht, der das Berufungsgericht folgt, ist nunmehr ein förmliches Beschlussverfahren vorgeschrieben (LG Berlin, ZWE 2011, 181, 182; LG München I, ZWE 2010, 98 f.; Merle in Bärmann, WEG, 12. Aufl., § 22 Rn. 123 ff.; Palandt/Bassenge, BGB, 73. Aufl., § 22 Rn. 6; Riecke/Schmidt/Drabek, WEG, 3. Aufl., § 22 Rn. 10, 23; Spielbauer, WEG, 2. Aufl., § 22 Rn. 8; BeckOK WEG/Elzer, Edition 18, § 22 Rn. 59 ff.; Hügel, FS Merle [2010], 167 ff.; Hügel/Elzer, NZM 2009, 457, 465; Lüke, ZflR 2008, 225, 228 f.).

e) Der Senat hat diese Frage bislang offen gelassen (Urteil vom 21. Oktober 2011 - V ZR 265/10, NJW-RR 2012, 140 Rn. 6). Sie bedarf auch hier keiner Entscheidung, weil die Revision hinsichtlich des Klageantrags zu 1 nach beiden Auffassungen zurückzuweisen ist. Nach der zuerst genannten Auffassung träfe den Kläger nämlich nur dann eine Duldungspflicht, wenn alle 9 Wohnungseigentümer der Maßnahme (formlos) zugestimmt hätten; wenn dies der Fall wäre, müsste allerdings auch nach der zweiten Auffassung geprüft werden, ob das auf den Formmangel gestützte Beseitigungsverlangen als treuwidrig anzusehen ist (vgl. Senat, Urteil vom 21. Oktober 2011 - V ZR 265/10, NJW-RR 2012, 140 Rn. 6; Niedenführ, ZWE 2012, 476, 477). An der erforderlichen Zustimmung aller Wohnungseigentümer fehlt es indes.

aa) Einer baulichen Maßnahme müssen gemäß § 22 Abs. 1 WEG alle Wohnungseigentümer zustimmen, denen über das bei einem geordneten Zusammenleben unvermeidliche Maß hinaus ein Nachteil im Sinne von § 14 Nr. 1 WEG erwächst. Nachteil ist jede nicht ganz unerhebliche Beeinträchtigung. Sie muss konkret und objektiv sein; entscheidend ist, ob sich nach der Verkehrsanschauung ein Wohnungseigentümer in der entsprechenden Lage verständlicherweise beeinträchtigt fühlen kann (Senat, Urteil vom 14. Dezember 2012 - V ZR 224/11, BGHZ 196, 45 Rn. 4 mwN). Ob - wovon die Wohnungseigentümer selbst offenbar ausgegangen sind - allein die optische Veränderung, die mit der Terrassenüberdachung einhergeht, einen solchen Nachteil begründet (vgl. dazu Senat, Urteil vom 14. Dezember 2012 - V ZR 224/11, aaO Rn. 5), lässt das Berufungsgericht zwar offen. Nach den getroffenen Feststellungen verursacht die Terrassenüberdachung aber jedenfalls bauliche Behinderungen - und damit einhergehend einen erhöhten Kostenaufwand - bei etwaigen Instandsetzungsarbeiten an den Fassaden, die zu den Einheiten des Klägers und eines weiteren Nachbarn hin liegen; selbst bei einer Entfernung der aufliegenden Konstruktion, die die Beklagte für solche Vorhaben angeboten hat, erschwert das verbleibende Ständerwerk die Aufstellung eines Gerüsts, und zwar unabhängig von dem Balken, den die Beklagte von der Außenwand entfernt haben soll. Derartige Behinderungen dürften im Übrigen auch bei Instandsetzungsarbeiten an der zu der Einheit der Beklagten gehörenden Fassade auftreten. 11 bb) Solche Erschwernisse bei der Fassadensanierung, die Mehrkosten verursachen können, stellen für jeden Wohnungseigentümer einen Nachteil dar. Sämtliche Außenwände stehen nämlich - wie ausgeführt - in gemeinschaftlichem Eigentum. Und weil die Teilungserklärung - wie das Berufungsgericht rechtsfehlerfrei feststellt - keine von der gesetzlichen Kompetenzzuweisung abweichende Regelung enthält (vgl. hierzu: Senat, Urteil vom 2. März 2012 - V ZR 174/11, NJW 2012, 1722 Rn. 7), obliegt die Instandhaltung und Instandsetzung der Fassaden allen Wohnungseigentümern (§ 21 Abs. 5 Nr. 2 WEG). Sie haben auch die damit verbundenen Kosten zu tragen (§ 16 Abs. 2 WEG). Entgegen der Auffassung der Revision entfällt ein Nachteil im Sinne von § 14 Nr. 1 WEG nicht aufgrund einer von der Beklagten angebotenen Kompensation; diese kann nur als Mittel dienen, um die anderen Wohnungseigentümer zu der Erteilung der erforderlichen Zustimmung zu bewegen.

cc) Dem Protokoll der Eigentümerversammlung zufolge haben die übrigen Wohnungseigentümer dem Umbau zwar zugestimmt, aber nur unter der Voraussetzung, dass eine schriftliche Vereinbarung zwischen der Beklagten und den Sondereigentümern der benachbarten Einheiten "hinsichtlich der Möglichkeiten der ordentlichen Instandsetzung und Instandhaltung der äußeren Wände" getroffen wird. Offensichtlich gingen die Wohnungseigentümer davon aus, dass der Kläger für eine Instandsetzung der zu seiner Einheit hin gelegenen Außenfassade zuständig ist, was allerdings nur im Einzelfall und beschränkt auf die Kosten aufgrund einer besonderen Kostenregelung gemäß § 16 Abs. 4 WEG der Rechtslage entsprechen kann.

dd) Ob der Kläger den Abschluss der Vereinbarung - wie es das Amtsgericht angenommen hat - im Sinne von § 162 Abs. 1 BGB treuwidrig vereitelt hat, prüft das Berufungsgericht nicht. Der Senat kann diese Frage selbst 12 beurteilen, weil ausreichende Feststellungen getroffen worden sind. Dabei ist der von den Wohnungseigentümern eingenommene Rechtsstandpunkt zugrunde zu legen, wonach die Instandhaltung der Außenfassade dem Sondereigentümer obliegt. Auch wenn alle Wohnungseigentümer unter Einschluss des Klägers in der Eigentümerversammlung eine Zustimmung unter Vorbehalt erteilt haben, verstößt die spätere Weigerung des Klägers, die Vereinbarung abzuschließen, nicht gegen Treu und Glauben. Dies gilt auch unter Zugrundelegung des Vorbringens der Revision, wonach ihm die Beklagte angeboten hat, die aufliegende Konstruktion bei Bedarf zu entfernen und ihm die Mehrkosten zu erstatten, die bei einem Anstrich der Außenfassade entstehen. Denn die Wohnungseigentümer wollten dem Anbau nur dann zustimmen, wenn es gelang, Streitigkeiten über die spätere Instandhaltung durch eine Vereinbarung nachhaltig zu unterbinden und den Frieden in der Gemeinschaft wieder herzustellen. Dass dem Kläger damit bestimmte Verhandlungspflichten auferlegt werden sollten, lässt sich dem Protokoll der Eigentümerversammlung dagegen nicht entnehmen. Zudem verstößt sein Verhalten auch deshalb nicht gegen Treu und Glauben, weil die Beklagte ihrerseits kein schutzwürdiges Vertrauen für sich in Anspruch nehmen kann. Denn sie hat die Terrassenüberdachung ohne Zustimmung ihrer direkten Nachbarn und ohne eine Vorbefassung der Eigentümerversammlung errichten lassen; insbesondere hat sie die mit der baulichen Maßnahme verbundenen Aufwendungen nicht etwa im Vertrauen auf den Bedingungseintritt getätigt, sondern schon vor Erteilung der bedingten Zustimmungen.

2. Zu Unrecht sieht das Berufungsgericht dagegen den unter Ziff. 2 gestellten Feststellungsantrag als begründet an.

a) Weil die Fassaden im gemeinschaftlichen Eigentum stehen, ist der Kläger nicht, wie das Berufungsgericht offenbar meint, alleiniger Inhaber von 15 Ansprüchen, die die Beseitigung von etwaigen Beschädigungen der Außenwand zum Inhalt haben. Solche Ansprüche stehen den Wohnungseigentümern vielmehr gemeinschaftlich zu. Sie richten sich auf Schadensersatz in Form der Naturalrestitution (§ 249Abs. 1 BGB). Schadensersatzansprüche sind nach der Rechtsprechung des Senats im Interesse einer geordneten Verwaltung des Gemeinschaftseigentums einheitlich geltend zu machen; es besteht - anders als bei Ansprüchen gemäß § 1004 BGB - eine geborene Ausübungsbefugnis der Wohnungseigentümergemeinschaft im Sinne von § 10 Abs. 6 Satz 3 Halbsatz 1 WEG (Urteil vom 10. Dezember 2011 - V ZR 125/10, NJW 2011, 1351 Rn. 10 mwN). Dies gilt auch für einen auf § 823 Abs. 1 i.V.m. § 249 Abs. 1 BGB gestützten Wiederherstellungsanspruch (aA Merle in Bärmann, WEG, 12. Aufl., § 22 Rn. 319). Richtig ist zwar, dass dieser in Konkurrenz zu dem Anspruch aus § 1004 Abs. 1 BGB treten kann. Aber schon weil die Wahl zwischen Naturalrestitution (§ 249 Abs. 1 BGB) und Geldersatz (§ 249 Abs. 2 BGB) gemeinschaftlich getroffen werden muss, sind Schadensersatzansprüche insgesamt als gemeinschaftsbezogene Rechte im Sinne von § 10 Abs. 6 Satz 3 Halbsatz 1 WEG anzusehen.

b) Ob der Kläger das für eine gewillkürte Prozessstandschaft erforderliche schutzwürdige Eigeninteresse geltend machen könnte (dazu Senat, Urteil vom 19. Juli 2013 - V ZR 109/12, ZWE 2014, 25 Rn. 9; für den Verwalter Senat, Urteil vom 28. Januar 2011 - V ZR 145/10, BGHZ 188, 157 Rn. 15), kann dahinstehen, weil es jedenfalls an seiner Ermächtigung durch die übrigen Wohnungseigentümer hinsichtlich der Klageerhebung fehlt.

III.

Die Kostenentscheidung beruht auf § 92 Abs. 1 Satz 1 ZPO.

Stresemann Czub Brückner Weinland Kazele Vorinstanzen:

AG Hamburg-Wandsbek, Entscheidung vom 15.02.2012 - 740 C 1/11 -
LG Hamburg, Entscheidung vom 16.01.2013 - 318 S 55/12 - 19

BGH, Urteil vom 16.05.2014, V ZR 131/13

(Haftung des Wohnungseigentümers für den störenden Nießbraucher)

Tenor

Die Revision gegen das Urteil des Landgerichts Hamburg - Zivilkammer 18 - vom 24. April 2013 wird auf Kosten des Beklagten zurückgewiesen.

Von Rechts wegen.

Tatbestand

Der Beklagte ist Mitglied der klagenden Wohnungseigentümergemeinschaft. Er ist Inhaber des Sondereigentums an der im Dachgeschoss gelegenen Wohnung und an dem darüber liegenden Spitzboden, der in der Teilungserklärung als eine nicht zu Wohnzwecken dienende Räumlichkeit bezeichnet wird. Im Jahr 1984 ließ der Beklagte in dem Spitzboden, der über einen eigenen Zugang verfügt, ein Duschbad, eine Toilette, eine Küche, eine Heizung und Fenster einbauen und stattete diesen Bereich mit einem eigenen Strom- und Wasserzähler aus. Er bestellte zugunsten seiner Eltern ein Nießbrauchsrecht an seinem Sondereigentum sowie seinem Miteigentumsanteil. Die Nießbraucher vermieteten die Wohnung einschließlich Spitzboden von 1985 bis 2009 an Dritte. Im Jahr 2010 schlossen sie zwei gesonderte Mietverträge über die Wohnung und den Spitzboden, die seither als separate Wohneinheiten genutzt werden. Der Antrag des Beklagten, ihm und den Nießbrauchern die Trennung des Spitzbodens von der darunter liegenden Wohnung und dessen eigenständige Vermietung zu gestatten, wurde in der Eigentümerversammlung vom 26. Oktober 2010 abgelehnt. Am 28. März 2011 beschlossen die Eigentümer mehrheitlich, Klage auf Unterlassung der Nutzung des Spitzbodens zu Wohnzwecken zu erheben. Der Beklagte erhebt die Einrede der Verjährung.

Das Amtsgericht hat den Beklagten verurteilt, es zu unterlassen, den Spitzbodenbereich als selbständige Wohneinheit separat von seiner Dachgeschosswohnung zu Wohnzwecken zu nutzen oder nutzen zu lassen. Die Berufung des Beklagten ist erfolglos geblieben. Mit der von dem Landgericht zugelassenen Revision, deren Zurückweisung die Klägerin beantragt, will er die Abweisung der Klage erreichen.

Gründe

I.

Das Berufungsgericht, dessen Entscheidung unter anderem in ZMR 2013, 632 ff. veröffentlicht ist, bejaht einen Unterlassungsanspruch aus § 1004 Abs. 1 BGB in Verbindung mit § 15 Abs. 3 WEG. Der Beklagte sei mittelbarer Handlungsstörer, da er nach § 14 Nr. 2 WEG verpflichtet sei, auf die Nießbraucher dahingehend einzuwirken, dass eine der in der Teilungserklärung vorgesehenen Zweckbestimmung entgegenstehende Nutzung des Spitzbodens als Wohnraum unterbleibe. Insbesondere stehe nicht fest, dass der Beklagte einen gegen ihn gerichteten Unterlassungsanspruch unter keinen Umständen durchsetzen könne. Diesbezügliche Versuche, auf seine Eltern einzuwirken, seien nicht ersichtlich; der Beklagte vertrete vielmehr die Auffassung, dass die separate Vermietung des Spitzbodens zulässig sei. Der Anspruch sei nicht verjährt. Insoweit komme es nicht darauf an, ob der Klageantrag - wie es das Amtsgericht angenommen habe - einschränkend dahingehend auszulegen sei, dass er nur auf die Unterlassung der separaten Nutzung des Spitzbodens als Wohnraum gerichtet sei. Selbst wenn allgemein die Nutzung zu Wohnzwecken untersagt werden solle, trete die Verjährung nicht ein, solange die der Zweckbestimmung widersprechende Nutzung fortdauere. Jedenfalls stelle die erneute Vermietung der Räume bei wertender Betrachtung eine Zäsur dar, die zu einem Neubeginn der Verjährung führe und auch eine Verwirkung des Anspruchs ausschließe.

II.

Diese Ausführungen halten rechtlicher Nachprüfung stand.

1. Gegenstand des Revisionsverfahrens ist allein der Anspruch der Klägerin auf Unterlassung der Nutzung des Spitzbodens als selbständige, von der Dachgeschosswohnung unabhängige Wohneinheit; dagegen geht es nicht allgemein um die Nutzung des Spitzbodens zu Wohnzwecken. Denn in diesem Sinne hat das Amtsgericht den Klageantrag - von der Klägerin unwidersprochen - ausgelegt und den Urteilstenor entsprechend gefasst. Das Berufungsgericht hat zwar Zweifel an dieser Auslegung des Klageantrags geäußert, die Berufung des Beklagten aber zurückgewiesen, ohne den (für die Beschwer des Beklagten maßgeblichen) Urteilstenor zu ändern.

2. Der danach maßgebliche Anspruch auf Unterlassung der Nutzung des Spitzbodens als selbständige Wohneinheit gemäß § 1004 Abs. 1 BGB i.V.m. § 15 Abs. 3 WEG ist begründet; die Klägerin kann ihn im eigenen Namen gegen den Beklagten geltend machen, weil sie die Geltendmachung der entsprechenden Individualansprüche der übrigen Wohnungseigentümer durch Mehrheitsbeschluss an sich gezogen hat (§ 10 Abs. 6 Satz 3 Alt. 2 WEG).

a) Gemäß § 15 Abs. 3 WEG kann jeder Wohnungseigentümer u.a. einen den Vereinbarungen entsprechenden Gebrauch der im Sondereigentum stehenden Gebäudeteile verlangen. Werden die in der Norm genannten Gebrauchsregelungen nicht eingehalten, liegt hierin eine Eigentumsbeeinträchtigung, die Voraussetzung für einen Unterlassungsanspruch gemäß § 1004 Abs. 1 BGB ist (vgl. Schultzky in Jennißen, WEG, 3. Aufl., § 15 Rn. 120). Von Letzterem geht das Berufungsgericht zutreffend aus; die Regelung in der Teilungserklärung, nach der der Spitzboden nicht zu Wohnzwecken dient, sieht es als Zweckbestimmung mit Vereinbarungscharakter an. Infolgedessen ist die Nutzung eines solchen Raums zu - wie hier - nicht nur vorübergehenden Wohnzwecken nicht gestattet. Allerdings kann sich eine nach dem vereinbarten Zweck ausgeschlossene Nutzung als zulässig erweisen, wenn sie bei typisierender Betrachtungsweise nicht mehr stört als die vorgesehene Nutzung (vgl. Senat, Beschluss vom 16. Juni 2011 - V ZA 1/11, ZWE 2011, 396, 397 mwN). Dies verneint das Berufungsgericht zu Recht. Denn die Wohnanlage erfährt jedenfalls bei einer Vergrößerung um eine weitere Wohneinheit typischerweise eine intensivere Nutzung, mit der eine erhöhte Aus- und Abnutzung verbunden ist (vgl. BayObLG, ZMR 2004, 925 f.; OLG Hamm, NZM 1998, 873; OLGR Köln 1995, 163, 164, jeweils mwN).

b) Ferner hält es rechtlicher Nachprüfung stand, dass das Berufungsgericht den Beklagten als Störer im Sinne von § 1004 Abs. 1 BGB ansieht. Weil die Nießbraucher den Spitzboden als separate Wohnung vermieten, kann der Beklagte nur als mittelbarer Handlungsstörer zu der Unterlassung verpflichtet sein. Als solcher wird angesehen, wer die Beeinträchtigung durch einen anderen in adäquater Weise durch seine Willensbetätigung verursacht und in der Lage ist, die unmittelbar auftretende Störung zu verhindern (vgl. Senat, Urteil vom 7. April 2000 - V ZR 39/99, BGHZ 144, 200, 203 f.

mwN; Urteil vom 27. Januar 2006 - V ZR 26/05, NJW 2006, 992 f.). Diese Voraussetzungen sind erfüllt.

aa) Die Beeinträchtigung wird adäquat durch Willensbetätigung des Beklagten verursacht.

(1) Allerdings liegt der Schwerpunkt seines Verhaltens in einem Unterlassen, weil er gegen das Verhalten der Nießbraucher nicht einschreitet. Im Hinblick auf den unmittelbaren Handlungsstörer ist anerkannt, dass dessen Haftung nur durch ein pflichtwidriges Unterlassen begründet wird (Senat, Urteil vom 1. Dezember 2006 - V ZR 112/06, NJW 2007, 432 Rn. 9); mit anderen Worten muss den in Anspruch Genommenen eine Handlungspflicht treffen (vgl. für den Zustandsstörer Senat, Urteil vom 1. Dezember 2006 - V ZR 112/06, aaO Rn. 17). Dies gilt auch für den mittelbaren Handlungsstörer. Für diesen kann sich eine derartige Handlungspflicht aus der Rechtsstellung als Eigentümer (Senat, Urteil vom 7. April 2000 - V ZR 39/99, BGHZ 144, 200, 204 mwN) oder als Betriebsinhaber (Senat, Urteil vom 30. Oktober 1981 - V ZR 191/80, NJW 1982, 440 f.) ergeben.

(2) Geht es - wie hier - um das Verhältnis von Wohnungseigentümern untereinander, ist eine spezielle Rechtspflicht zum Handeln in § 14 Nr. 2 WEG normiert; nach der zweiten Alternative dieser Bestimmung hat jeder Wohnungseigentümer für einen den Vereinbarungen entsprechenden Gebrauch des Sondereigentums durch die Personen zu sorgen, denen er die Benutzung der im Sondereigentum stehenden Gebäudeteile überlassen hat. Hiervon wird auch die Besitzübertragung aufgrund eines Nießbrauchs erfasst (ebenso BeckOK-WEG/Dötsch, Ed. 19, § 14 Rn. 100). Denn vorausgesetzt wird grundsätzlich nur die

bewusste Überlassung der Nutzung durch den Eigentümer, ohne dass sich dies auf bestimmte Arten der Nutzungsüberlassung - wie etwa die Vermietung oder Verpachtung - beschränkte. Zweck der Norm ist es nämlich, im Verhältnis der Wohnungseigentümer zueinander die Erfüllung der wechselseitigen Pflichten sicherzustellen (vgl. KG, NZM 2000, 681; Hogenschurz in Jennißen, WEG, 3. Aufl., § 14 Rn. 15; Klein in Bärmann, WEG, 12. Auflage, § 14 Rn. 43; Spielbauer in Spielbauer/Then, WEG, 2. Aufl., § 14 Rn. 51). Wegen dieser Zielsetzung ist die Bestimmung - entgegen der Ansicht der Revision - unabhängig davon anwendbar, ob der Eigentümer den Nießbrauch bestellt oder ob ihm das Eigentum von vornherein nur unter Vorbehalt des Nießbrauchs übertragen wird; nach den Feststellungen des Berufungsgerichts ist hier ohnehin ersteres anzunehmen.

bb) Auch ist davon auszugehen, dass der Beklagte in der Lage ist, die unmittelbar auftretende Störung zu verhindern. Die Haftung aus § 1004 Abs. 1 BGB scheidet nämlich nur aus, wenn feststeht, dass der Kläger einen ihm zuerkannten Unterlassungsanspruch unter keinen Umständen durchzusetzen vermag; denn zu einer Leistung, die unstreitig nicht möglich ist - oder der der Einwand des § 275 Abs. 3 BGB entgegensteht -, darf niemand verurteilt werden (vgl. Senat, Urteile vom 7. April 2000 - V ZR 39/99, BGHZ 144, 200, 204 f., und vom 21. Juni 1974 - V ZR 164/72, BGHZ 62, 388, 393). Entgegen der Ansicht der Revision liegen diese Voraussetzungen nicht vor.

(1) Soweit nicht - wie hier - ein Nießbraucher, sondern ein Mieter des Wohnungseigentümers unmittelbarer Störer ist, entspricht es ständiger Rechtsprechung, dass ein gegen den Wohnungseigentümer gerichteter Unterlassungsanspruch nicht an dessen mietvertraglichen Bindungen scheitert. Die wechselseitigen Rechte und Pflichten der

Wohnungseigentümer werden dadurch, dass der in Anspruch genommene Wohnungseigentümer mietvertraglich gebunden ist, weder erweitert noch beschränkt. Vielmehr muss der vermietende Wohnungseigentümer alles in seiner Macht Stehende unternehmen, damit sein Mieter einem berechtigten Unterlassungsbegehren der anderen Eigentümer Folge leistet. Alles weitere kann dem Vollstreckungsverfahren überlassen werden (Senat, Beschluss vom 4. Mai 1995 - V ZB 5/95, BGHZ 129, 329, 335 f. mwN). Selbst bei einem unkündbaren Gebrauchsüberlassungsverhältnis ist es nicht ausgeschlossen, dass sich der Eigentümer mit den Mietern gütlich einigt und sie - erforderlichenfalls unter finanziellen Opfern - zu einer Aufgabe der zu unterlassenden Nutzung veranlasst (vgl. Senat, Urteile vom 7. April 2000 - V ZR 39/99, BGHZ 144, 200, 204 f.; vom 21. Juni 1974 - V ZR 164/72, BGHZ 62, 388, 393 f.; vom 11. November 1966 - V ZR 191/63, NJW 1967, 246).

(2) Nichts anderes gilt für eine Überlassung aufgrund eines Nießbrauchs. Ebenso wenig wie durch das Eingehen einer langfristigen mietvertraglichen Bindung kann sich der Wohnungseigentümer seinen aus dem Gemeinschaftsverhältnis erwachsenden Pflichten durch die Bestellung eines Nießbrauchs entziehen. Das gilt auch, wenn die Nießbraucher das Wohnungseigentum vermietet haben, weil nicht ausgeschlossen ist, dass sie das Mietverhältnis - jedenfalls im Verhandlungswege - beenden könnten. Dabei kann hier dahinstehen, ob der Wohnungseigentümer als Besteller des Nießbrauchs seinerseits den Nießbraucher gemäß § 1053 i.V.m. § 1036 Abs. 2 BGB auf Unterlassung in Anspruch nehmen könnte. Denn nach den Feststellungen des Berufungsgerichts hat der Beklagte keine

Bemühungen unternommen, um die Nießbraucher zu der Beendigung der gesonderten Vermietung des Spitzbodens als selbständige Wohneinheit zu veranlassen; im Gegenteil erachtet er sie selbst für zulässig und macht sich damit die Rechtsposition der Nießbraucher zu eigen. Aus diesem Grund steht schon nicht fest, dass der Beklagte die Nießbraucher nicht im Verhandlungswege zu der Beendigung der gesonderten Vermietung des Spitzbodens bewegen könnte. Entgegen der Auffassung der Revision ergibt sich dies insbesondere nicht aus dem Umstand, dass die Nießbraucher ihrerseits in einem Parallelprozess von der Wohnungseigentümergemeinschaft auf Unterlassung in Anspruch genommen werden. Denn es steht nicht fest, dass sie auch nach einer Verurteilung des hiesigen Beklagten an ihrer bisherigen Rechtsauffassung festhalten und sich Verhandlungen verschließen werden.

3. Der Anspruch ist schon deshalb nicht verjährt, weil der Spitzboden erstmals aufgrund der Neuvermietung im Jahr 2010 als gesonderter Wohnraum genutzt wurde und die Klage bereits im Jahr 2011 erhoben wurde; aus dem gleichen Grund scheidet eine Verwirkung des Anspruchs von vornherein aus. Soweit sich die Revision insoweit auf eine dauerhafte Nutzung zu Wohnzwecken vor dem Jahr 2010 stützt, verkennt sie bereits, dass ein darauf bezogener Unterlassungsanspruch nicht Gegenstand des Revisionsverfahrens ist.

III.
Die Kostenentscheidung beruht auf § 97 Abs. 1 ZPO.
Stresemann Czub Roth Brückner Kazele Vorinstanzen:

AG Hamburg-Wandsbek, Entscheidung vom 20.03.2012 - <u>740 C 76/11</u> -
LG Hamburg, Entscheidung vom 24.04.2013 - <u>318 S 49/12</u> -

www.ingramcontent.com/pod-product-compliance
Lightning Source LLC
Chambersburg PA
CBHW051726170526
45167CB00002B/820